# ESPIRITUALIDAD
# INDIA

# ESPIRITUALIDAD
# INDIA

Una introducción
a las tradiciones
hindú, jainista,
budista y sij

JOSHUA R. PASZKIEWICZ

Librero

# ÍNDICE

# INTRODUCCIÓN

La cultura espiritual del subcontinente indio comprende lo que muchos estudiosos consideran que es la más antigua de la civilización humana. La cultura, costumbres y creencias de la espiritualidad india cuentan con al menos cinco mil años de historia, y la repercusión que ha tenido la cultura espiritual india tanto en el mundo antiguo como en el moderno es muy evidente. Teniendo en cuenta que más del veinte por ciento de la población mundial profesa una de las principales religiones indias —el hinduismo, el jainismo, el budismo y el sijismo—, no cabe duda del valor duradero que engloban estas escuelas de pensamiento y práctica, de las que se pueden discernir las semillas del significado y el bienestar.

Desde los años sesenta especialmente, el mundo occidental se ha sentido fascinado por el pensamiento oriental y más específicamente en la vertiente conocida como espiritualidad oriental, que ha ofrecido un marcado contraste con los siglos de organización social individualista y monoteísmo exotérico que han definido básicamente la cultura occidental. En este sentido, la espiritualidad india ha ocupado un lugar muy importante en la formación de la imagen que Occidente tiene de

Oriente, y palabras y conceptos como *om, karma, reencarnación* y *yoga* se han ido introduciendo en el lenguaje habitual de nuestra sociedad. Dada la amplia proliferación de temas y prácticas, muchas de las tradiciones espirituales de la India que han llegado a Occidente se han visto sometidas a fuerzas de secularización y mercantilización, que han distorsionado su realidad y desvirtuado sus intenciones.

El presente libro pretende dar a conocer la espiritualidad india desde la perspectiva de un practicante. Este ensayo, que no es ni un estudio académico ni un manual de referencia, pretende rendir homenaje al abundante patrimonio espiritual de la India e invitar al lector a participar en una apreciación contextualmente relevante del mismo. En este sentido, *Espiritualidad india* está escrito, pensando en el lector occidental, como un libro de iniciación que examina los cuatro pilares fundamentales en los que se sustentan los temas y prácticas del subcontinente en forma de hinduismo y sus tradiciones descendentes: el jainismo, el budismo y el sijismo. También presta especial atención a movimientos contemporáneos como el Neo-Advaita, y al yoga como cultura fisio-espiritual por derecho propio, y a comprender cómo se relacionan con sus homólogos más antiguos y ortodoxos.

Aunque se ha hecho todo lo posible por evitar la simbolización de la herencia espiritual de la India, este libro se ha escrito teniendo en cuenta el panorama espiritual del mundo occidental contemporáneo, en el que la identificación religiosa formal sigue disminuyendo significativamente, mientras que una espiritualidad más amorfa que puede o no alinearse formalmente con cualquier sistema religioso clásico está en pleno auge desde hace décadas. Desde este planteamiento, y con una mentalidad orientada a la apreciación, el libro quiere ofrecer una serie de ideas y ejercicios prácticos que el lector puede realizar para profundizar no solo en su comprensión de las tradiciones espirituales de la India, sino también en su propio sentido evolutivo de la espiritualidad. De hecho, está orientado a una auténtica exploración y aprendizaje espirituales.

Se debe tener en cuenta que es imposible explorar a fondo el patrimonio espiritual de la India en un solo volumen. Pueden organizarse y, de hecho se han organizado, bibliografías sobre cada una de las principales tradiciones de la espiritualidad india, y aunque se pueden identificar y explorar los temas principales, las diversas sectas y tradiciones secundarias mantendrán invariablemente perspectivas únicas sobre estos temas y los abordarán de formas muy particulares. La riqueza y diversidad de la espiritualidad india se refleja no solo en su historia, sino también en su práctica actual, que evoluciona continuamente con los corazones y las mentes de sus devotos contemporáneos.

## UN APUNTE SOBRE LA ESVÁSTICA

La esvástica (palabra sánscrita que significa literalmente «buena fortuna» o «bienestar») es un antiguo símbolo indio que tiene un significado sagrado en las tradiciones hindú, jainista y budista, y que se remonta a la Antigüedad. Lamentablemente, el símbolo ha sido adoptado por diversos grupos de incitación al odio desde que surgió el movimiento nazi en Alemania, donde una versión del dibujo se giró en un ángulo de 45 grados, lo que dio lugar a un nuevo símbolo con un nuevo significado desconocido en el subcontinente indio, pero que a menudo se confunde con la esvástica original en su forma e interpretación.

En la India, y en las diversas regiones donde se han difundido y desarrollado los credos dhármicos, la esvástica se suele ver de dos formas: la primera es un símbolo orientado hacia la derecha «卐» que sirve como icono del sol y como representación de la prosperidad y la buena fortuna. En esta versión, la esvástica se suele colocar en diversos establecimientos comerciales, en ordenadores e incluso en vehículos para invocar las cualidades asociadas al símbolo. Esta versión también es sagrada para el jainismo, donde representa principalmente los cuatro estados de existencia conocidos por esa tradición.

La segunda forma del símbolo es una esvástica orientada hacia la izquierda «卍», que quizá se asocie más normalmente con el budismo y que puede verse inscrita en templos de toda Asia Oriental. En Japón, el símbolo en su forma orientada a la izquierda es habitual en mapas y guías de viaje como marcador de ubicación de templos budistas, donde se entiende como representación de la compasión y de los pasos de Buda, entre otras cosas.

Mientras que Occidente ha desarrollado una firme y racional aversión a la esvástica adoptada y modificada por los movimientos nazis como símbolo de odio y violencia, en gran parte de Oriente la importancia secular del símbolo sin modificar le ha dado el poder de trascender los intentos de redefinirlo. La apreciación de las tradiciones espirituales indias exige la comprensión de las formas en que se han malinterpretado, comercializado y adoptado, para no confundir ni menospreciar la sabiduría legítima y casi intemporal de los credos dhármicos.

# CAPÍTULO UNO

# LOS ORÍGENES DEL DHARMA

El tapiz espiritual y cultural de la India es a la vez un rico e intrincado entramado de diferentes doctrinas, rituales y principios filosóficos que se han cultivado y perfeccionado a lo largo de milenios. Este panorama tan heterogéneo es reflejo de una región que ha acogido a innumerables sabios, eruditos y buscadores, cada uno de los cuales ha contribuido al enorme cúmulo de pensamientos y prácticas que conforman la espiritualidad india. En este capítulo, comenzaremos nuestra exploración de las principales corrientes históricas y acontecimientos sociopolíticos que han configurado el paisaje espiritual de la India, prestando especial atención al concepto de sanatana dharma y su ramificación en las diversas modalidades fácilmente identificables hoy en día como hinduismo, jainismo, budismo, sijismo y, contemporáneamente, como neo-advaita y el movimiento del yoga a nivel mundial.

# SANATANA DHARMA:
## EL CAMINO ETERNO

Antes del encuentro de Occidente con Oriente, no existía, en sentido estricto, el concepto de hinduismo, jainismo, budismo o sijismo. Más bien existía el sanatana-dharma, un término que hoy en día aún se utiliza, a menudo por los hindúes, para describir las creencias, prácticas y valores espirituales únicos que nacieron en el subcontinente indio.

El término dharma es, en cierto modo, difícil de traducir. A veces se utiliza en el sentido de ley, orden, camino, o incluso deber, y es la expresión de una forma de vida. En este caso, el adjetivo *sanatana* que se añade a dharma, se suele traducir como «universal». Por lo tanto, el sanatana-dharma son las leyes y prácticas universales que supuestamente rigen la vida de sus seguidores y proporcionan vías para cultivar el sentido y comprender el lugar de cada uno en el universo y en la propia realidad.

Más que una escuela en particular, una religión organizada o un pensamiento espiritual, el sanatana-dharma es la corriente colectiva de la cultura para comprender y expresar los principios eternos y universales que rigen el cosmos y, en consecuencia, la vida humana. El sanatana dharma no se limita a la religión hindú, sino que representa la diversidad de filosofías y prácticas que también pueden identificarse más específicamente como dharma hindú, dharma jainista, dharma budista y dharma sij.

Las religiones indias suelen denominarse religiones dhármicas. Aunque cada tradición representa un modo distinto de conseguir el propósito central del dharma, es este enfoque centralizado del dharma en dichas religiones lo que las vincula más entre sí. El marco en constante evolución de vida y creencias que es el dharma es lo que definía las religiones nativas del subcontinente indio.

# CORRIENTES HISTÓRICAS Y SOCIOPOLÍTICAS

La cuna de la espiritualidad india es la civilización del valle del Indo. Esta se remonta al 2500 a. C. y sentó las bases de la espiritualidad india, con descubrimientos arqueológicos que apuntan a las primeras formas de meditación, yoga y culto a las divinidades, que resultarían esenciales para el desarrollo de los movimientos espirituales que nos hemos propuesto explorar.

Alrededor del año 1500 a. C., los encuentros de los emigrantes indoarios con la civilización del valle del Indo marcarían el comienzo del periodo védico. Con el nacimiento de conceptos como el orden cósmico, o *rta*, y ritos de sacrificio como el *yajna*, el periodo védico formalizaría lo que se convertiría en las primeras escrituras de la espiritualidad india, los Vedas. A medida que la cultura védica continuaba madurando y desarrollándose, eventualmente marcaría el comienzo de la era del brahmanismo, con sus refinadas nociones espirituales y filosóficas sobre la naturaleza del alma, o *atman*, la superalma, o *Brahman*, y la tarea espiritual central de la liberación físico-espiritual, o *moksha* (de las que hablaremos más detalladamente en los próximos capítulos).

# UNA ERA DE SINCRETISMO RELIGIOSO

En el siglo VI a. C. surgiría claramente el movimiento sramánico, que dejaría de centrarse en el brahmanismo ritual y la religión basada en los sacrificios para centrarse en la práctica espiritual y el crecimiento interior. El movimiento sramánico apareció en medio de un panorama espiritual propicio a la reforma y la revitalización, que acabaría dando lugar a movimientos religiosos como el jainismo y el budismo.

En la época del periodo Maurya (que abarcó del siglo IV al II a. C.), el budismo, que contaba con el apoyo del célebre emperador Ashoka, se convertiría en una de las principales tradiciones espirituales y culturales del subcontinente indio. Sin embargo, en el transcurso de varios siglos, con diversos cambios de imperio y el respaldo de escuelas más refinadas del pensamiento hindú contemporáneo, como las tradiciones vaishnavita y shaivita, el budismo declinaría en la India y se asimilaría sustancialmente al conjunto más amplio del pensamiento hindú en evolución y a la práctica aceptada.

Las fronteras entre las tradiciones espirituales son a menudo mucho más flexibles de lo que la ortodoxia podría sugerir. Cuando confluyen diferentes culturas, los valores religiosos son los que mayor arraigo tienen y los que más tardan en cambiar. Incluso en tiempos de conversión forzosa, las creencias religiosas preexistentes suelen persistir, a veces de forma clandestina. Cuando estas creencias encuentran su expresión en el contexto de otro sistema religioso, el resultado puede describirse como sincrético, es decir, como una síntesis de la experiencia religiosa de diversas culturas.

En el siglo X de nuestra era, el Islam se abrió paso en el subcontinente indio con la anexión de la región del Punjab por la tribu turca de los gaznávidas. La presencia del Islam tendría una repercusión prolongada en el contexto sociopolítico de la India. En este sentido, con la introducción del pensamiento islámico reformado en forma de sufismo en el siglo XI, una era de síntesis espiritual daría lugar a movimientos como el sijismo.

Entre 1858 y 1947, los británicos ocuparon la India y la gobernaron como una prolongación de su imperio. Los misioneros británicos introducirían modelos de cristianismo claramente occidentales. Los aspirantes a eruditos y los llamados «orientalistas» facilitarían un importante intercambio multicultural entre Oriente y Occidente en esta época, que dejaría un impacto duradero no solo en la India sino en el mundo entero, allanando el camino para la popularización mundial de figuras como Sri Ramakrishna, Swami Vivekananda, Paramhamsa Yogananda y Maharishi Mahesh Yogi, junto con la proliferación de prácticas como el yoga y la meditación, fuera de sus contextos estrictamente religiosos.

## EL DHARMA HINDÚ: UN ESPACIO VIVO DE TRADICIONES

Aunque el dharma hindú, o hinduismo, se presenta a menudo como una de las religiones más antiguas del mundo, podría entenderse mejor como uno de los sistemas de pensamiento y práctica espiritual más antiguos. No existe una sola escuela o secta que pueda identificarse fácilmente como representativa de la tradición en su totalidad. Más bien, el dharma hindú existe como una serie de filosofías, creencias, rituales y prácticas vagamente relacionadas que abarcan armoniosamente las perspectivas del monoteísmo, el politeísmo, el monismo no dual e incluso el no teísmo funcional.

El dharma hindú puede encontrar su máxima expresión tanto en las prácticas meditativas idiosincrásicas como en la compleja vida ritual que se lleva a cabo en los templos formalizados. Dicho esto, puede decirse que muchos conceptos pertenecen en general al dharma hindú, entre ellos el de un alma, o *atma*; una superalma, o *paramatma*; el nacimiento, la muerte y la reencarnación cíclicos y transmigratorios, o *samsara*, y la posibilidad de liberarse de ellos, o *moksha*.

## DHARMA JAINISTA: EL CAMINO DE LA NO VIOLENCIA

Fundado y formalizado entre los siglos III y V a. C., el dharma jainista, o jainismo, postula la no violencia total o ahimsa como principal medio hacia la liberación (moksha). Los jainistas se dividen en dos corrientes principales, la monástica y la laica, y en dos sectas principales, los seguidores del jainismo suelen seguir un camino de vida ascético (*sramánico*) o de inspiración ascética, que se caracteriza por suscribir no solo la no violencia, sino también los votos de honradez y castidad, así como la prohibición de robar y tener posesiones.

## DHARMA BUDISTA: EL CAMINO INTERMEDIO

Fundado por Siddhartha Gautama, que en el siglo VI a. C. sería conocido en todo el mundo como «El Buda», el dharma budista es quizás más conocido por su propuesta de un llamado camino intermedio entre los ideales dhármicos anteriores de estricta práctica ascética y renunciante y la vida secular, que suele ser más hedonista. El dharma budista, o budismo, quizá se distinga más entre las principales tradiciones de la espiritualidad india por su concepto del *anatman,* o una ausencia fundamental de alma o yo, y también por su orientación y ética no teístas en general.

El dharma budista enseña un camino hacia la liberación (moksha) del sufrimiento que surge de cuatro observaciones principales que Buda recogió en su búsqueda espiritual personal, conocidas ahora como las cuatro nobles verdades y el óctuple sendero que las complementa.

Las principales enseñanzas del budismo se conocen como las cuatro nobles verdades. Estas enseñan que, en primer lugar, la vida está marcada fundamentalmente por la insatisfacción. En segundo lugar, esta insatisfacción surge del contacto con la realidad, que es esencialmente transitoria. Por ejemplo, esperar que un fenómeno temporal dure para siempre. En tercer lugar, hay un modo de salir de este estado de insatisfacción. Y en cuarto lugar, ese camino es el óctuple sendero de alinear la propia percepción, la cognición y las acciones con la realidad tal y como es.

## EL DHARMA SIJ: DEVOCIÓN E IGUALDAD SOCIAL

La tradición espiritual india más reciente, el dharma sij o sijismo, apareció en el siglo XV a. C., cuando Gurú Nanak empezó a predicar una fe distinta de las formas del dharma hindú y el islam comunes a su cultura geográfica. Esta fe incluía (o sincretizaba) algunas de las corrientes más espirituales y místicas de esas religiones, como la escuela bhakti del hinduismo y la corriente sufí del islam. El sijismo, una fe abiertamente monoteísta, expone los principios de igualdad, justicia, servicio a la humanidad y tolerancia religiosa como prácticas y disposiciones fundamentales, y desafía el sistema de castas imperante en su contexto cultural y social fundacional.

## NEO-ADVAITA Y LOS MOVIMIENTOS DE YOGA CONTEMPORÁNEOS

Surgido de los continuos diálogos de la India con el resto del mundo, además de la evolución orgánica derivada de la práctica generacional de tradiciones anteriores, el Neo-Advaita, o movimiento Satsang, es un sistema de espiritualidad no dual que expone la naturaleza fundamental unitaria y no dual del yo y el superyó, o el ser individual y lo divino. En lugar de proponer métodos de práctica intrincados y largos, el movimiento Neo-Advaita expone métodos para obtener conocimientos súbitos y liberadores en la autoindagación guiada por el maestro.

El yoga, antes considerado como un subconjunto de prácticas dentro de un entorno espiritual más amplio, ha surgido en las últimas décadas como una escuela espiritual de cultura física que se adapta a los contextos en los que se encuentra. Hace hincapié en la disciplina de las posturas físicas de meditación, o asanas, y en el control de la respiración basado en una serie de técnicas específicas, o pranayama, y existe en versiones seculares y espirituales sincréticas, cada una de ellas integradora y representativa del movimiento moderno de bienestar.

## PRINCIPIOS BÁSICOS DE LA MEDITACIÓN

Todas las religiones dhármicas de la India pueden calificarse como tradiciones contemplativas, es decir, tradiciones que usan ampliamente la meditación como método principal de práctica, crecimiento y realización espirituales. Aunque cada uno de los sistemas espirituales analizados en este texto (el dharma hindú, jainista, budista y sij, junto con el yoga moderno y los movimientos Neo-Advaita) contienen una gran cantidad de instrucciones y métodos exclusivos para la práctica de la meditación, existen algunos puntos en común que pueden observarse como prácticas fundamentales para que cualquiera pueda disfrutarlas y, con el tiempo, adaptarlas a los objetivos espirituales de su camino.

La mayoría de las prácticas de meditación requieren básicamente tres cosas: una postura, una mentalidad y un compromiso adecuados. La postura de meditación se caracteriza por facilitar la búsqueda de un estado cómodo, pero despierto y consciente, de modo que el cuerpo sea un apoyo para la mente. Esto puede abarcar desde aprender a sentarse en una postura de loto hasta sentarse erguido en una silla. En la meditación, la mente está atenta y concentrada. Tanto si está aprendiendo a contar las veces que respira, a observar sus pensamientos o a recitar un mantra, es de vital importancia que desarrolle una atención focalizada. Por último, el compromiso que requiere la meditación es la práctica diaria, de manera que cada vez sea más precisa y productiva.

La espiritualidad india quizá se entienda mejor como un conjunto diverso, rico y profundamente interrelacionado de filosofías, creencias, disposiciones y prácticas que conforman un modo de vida cargado de sentido y propósito. El camino eterno o sanatana dharma, que integra y responde a los diversos movimientos de la sociedad cultural de la época, ha adoptado muchas facetas y ha dado a luz muchas vías de aproximación legítima. En la mayoría de los casos, la espiritualidad india ofrece al mundo una consideración sacralizada de la naturaleza de la persona, de la génesis del malestar y el sufrimiento en la vida, así como numerosas maneras de superar todos y cada uno de los estados de aflicción mediante la contemplación sincera de estos conceptos y la práctica de los ritos y métodos psicoespirituales prescritos durante milenios. Cada una de las tradiciones dhármicas nos invita a llevar una vida de profundidad y de peregrinación espiritual que conduce a la realización del ser y de su lugar en el cosmos.

# MEDITACIÓN: CÓMO SENTARSE CORRECTAMENTE

Para este ejercicio, primero debe encontrar un momento específico en el que pueda practicar la meditación durante al menos cinco o diez minutos al día. Cuando haya determinado ese momento, ya sea por la mañana después de levantarse, durante la comida o antes de acostarse, haga todo lo posible por no abandonar su compromiso de practicar a esa hora, y no disminuya el tiempo de práctica del intervalo mínimo especificado anteriormente.

Para quienes se inician en la meditación, lo mejor es aprender la postura adecuada para meditar en una silla. Lo más recomendable es que utilice una silla de respaldo recto, que le permita sentarse erguido, preferiblemente mirando hacia delante sin apoyar la espalda en la silla y con los pies en el suelo delante de usted. Adoptando esta postura, puede apoyar suavemente las manos, con las palmas hacia arriba o hacia abajo, sobre el regazo. Tenga cuidado de no adoptar una postura forzada o antinatural que pueda distraerle mientras medita. Respire profundamente, inspirando y expirando por la nariz si es posible, permitiendo que la parte inferior del abdomen (centrada unos cinco centímetros por debajo del ombligo) se expanda al inspirar y se relaje al expulsar el aire.

Haga todo lo posible por centrar su atención en el simple acto de respirar, siguiendo las sensaciones que le produce su respiración, inhalando y exhalando, y deje que sus pensamientos fluyan como si estuviera contemplando un arroyo. No se resista ni se recree demasiado en sus pensamientos, simplemente deje que fluyan. Cuando sienta que deja de concentrarse en mantener una respiración suave y profunda, simplemente vuelva a centrar su atención en esas sensaciones. Con el tiempo, este proceso le permitirá centrar su atención fuera de su flujo de pensamientos en cualquier actividad que se requiera durante una práctica de meditación más avanzada. Practique diariamente durante al menos cinco o diez minutos.

# CAPÍTULO DOS

# DHARMA HINDÚ

El dharma hindú, al que se suele hacer referencia coloquialmente como hinduismo, es una de las tradiciones religiosas más antiguas y heterogéneas del mundo. Íntimamente interconectado con el propio desarrollo de la civilización india, el contenido del dharma hindú engloba un vasto conjunto de afirmaciones metafísicas, filosofías, rituales y prácticas que entretejen los hilos de lo que podría llamarse espiritual y secular. En este capítulo, exploraremos el carácter vibrante del hinduismo a través de un recorrido por el significado geográfico del ámbito cultural que dio origen a la tradición hindú, su diversidad interna, sus creencias y prácticas comunes, junto con el análisis de algunas de sus escrituras centrales, y las implicaciones sociológicas del pensamiento hindú tal y como se ha desarrollado conjuntamente con la cultura india a lo largo de varios milenios.

# LA IMPORTANCIA DE LA GEOGRAFÍA EN LA ESPIRITUALIDAD

La naturaleza espiritual de la India apenas se puede separar de sus paisajes físicos o geográficos, que en muchos sentidos se han moldeado mutuamente al actuar sobre ellos las personas que los han hecho realidad. Conocido por sus numerosos ríos sagrados, montañas y lugares de peregrinación, las características del subcontinente indio poseen un aire espiritual casi intrínseco, sobre el que muchos a lo largo de la historia no han podido evitar ver el escenario natural de los pintorescos *lilas*, o pasatiempos de los dioses. La belleza natural de la India ha inspirado innumerables experiencias espirituales, y de sus rasgos más característicos han fluido innumerables fuentes de escrituras sagradas hacia los profetas y sabios conocidos desde tiempos inmemoriales.

En el dharma hindú, los lugares sagrados, o *tirtha*, se veneran como espacios de transición o lugares de paso en los que se entremezclan los mundos espiritual y secular. Estos lugares, que son numerosos, son especialmente valorados como sitios de peregrinación en la vida espiritual de los devotos dhármicos, en los que se pueden conseguir grandes avances espirituales. Entre estos tirtha, quizá el más famoso sea el río Ganges, personificado en la religión como la diosa Ganga Mata, que ha

sido literalmente una fuente de sustento vital durante miles de años. Asimismo, es un lugar de limpieza y renovación espiritual. La mayoría de los hindúes quieren bañarse en el Ganges para purificar sus cuerpos kármicos al menos una vez en la vida; al morir, desean ser incinerados en sus ghats, la orilla espiritual y los escalones que conducen al Ganges, donde sus almas pueden encontrar la liberación.

Sin comprender el panorama geopolítico del subcontinente indio a lo largo del tiempo, es casi imposible captar la esencia del dharma hindú. Aunque esta cuestión queda fuera del alcance de este libro, debemos admitir que conocer la India como un paisaje en sentido literal es conocer el paisaje espiritual que ha engendrado, y viceversa.

## DIVERSIDAD Y FALTA DE CENTRALIZACIÓN

La increíble diversidad del dharma hindú es una de sus características más definitorias. Dentro del hinduismo, existen innumerables corrientes espirituales y, además, los sistemas de creencias personales idiosincrásicos no son nada raros. A diferencia de muchas tradiciones religiosas occidentales que han buscado la centralización mundial de la doctrina y la práctica, el hinduismo se beneficia de la amplitud de su esencia, que no puede remontarse a ninguna figura en particular ni a ningún acontecimiento fundacional.

La historia del desarrollo del dharma hindú es la descripción de la tierra y sus gentes que han acogido la tradición, del mismo modo que el marco evolutivo de la tradición los ha acogido a ellos. A lo largo de miles de años, los santos hindúes, los sabios, los filósofos y los devotos de siempre han dado forma a la observancia del hinduismo mediante sus experiencias vividas y sus conversaciones con la tradición. A diferencia de algunas «religiones que se basan en textos sagrados» (como el judaísmo y el cristianismo, que siguen un texto central), el dharma hindú no suele considerar un único conjunto de escrituras con autoridad universal, como el Nuevo Testamento para los cristianos, y no ha definido un canon abierto o cerrado, aunque a menudo se hace referencia a la literatura védica (o Vedas) como fuente esencial del pensamiento hindú. Esta falta de centralización ha dificultado que estudiosos externos de la tradición hablen coherentemente de ella, y, de hecho, hacerlo de un modo definitivo puede ser casi imposible. Sin embargo, pueden detectarse algunos temas y creencias comunes en muchas ramas de las creencias y prácticas hindúes, cuyo examen puede ayudar al lector a inferir los límites y contenidos de la experiencia vivida del dharma hindú.

Puede ser útil entender el hinduismo como un conjunto de creencias, o como un río de religiones, del que surgen y al que afluyen muchas fuentes y afluentes. Por lo general, las tradiciones hindúes abordan temas como la existencia material frente a la espiritual, la naturaleza del yo o alma (atman) en relación con una realidad absoluta de la divinidad (paramatma), y la existencia cíclica a través de los movimientos de nacimiento, muerte y reencarnación en diferentes etapas del ser (samsara) según el karma (condiciones causales) de cada uno. La búsqueda de la liberación del mundo material, en la que el alma pone fin a su existencia cíclica transmigratoria en un acto espiritual supremo de liberación (moksha), se considera ampliamente como la tarea primordial de la experiencia y la práctica religiosas, cuya consecución suele estar guiada por un maestro espiritual (gurú).

La interpretación de los conceptos y temas mencionados anteriormente, junto con el énfasis en la dispensación de diversas deidades consideradas centrales para una escuela de pensamiento determinada, ha dado lugar a escuelas tan prototípicas como el shaivismo, el vaishnavismo, el shaktismo y el smartismo. La infinidad de sectas y divisiones de pensamiento hindú ofrecen a los seguidores de la fe múltiples opciones para explorar su conciencia y su experiencia, y vincularse después con una escuela más amplia que se adapte a sus inclinaciones espirituales orgánicas y a su visión del mundo.

## MONOTEÍSMO Y POLITEÍSMO EN EL HINDUISMO

La diversidad del hinduismo quizá se ponga de manifiesto al considerar si la tradición del dharma hindú es politeísta, monoteísta o incluso funcionalmente atea. Aunque muchas fuentes citan el hinduismo como una religión puramente politeísta, dado que su número de dioses y diosas que pueden contarse en la tradición oscila entre treinta y tres y treinta y tres millones. No obstante, esta afirmación se puede matizar, ya que, a veces, se pueden incluso presentar todas las deidades asumidas como emanaciones, o avatares, de la potencia divina de un dios singular y todopoderoso.

En la mayoría de las concepciones hindúes de lo divino se encuentran Brahma (el creador), Visnú (el preservador) y Shiva (el destructor) como una tríada cooperativa de fuerzas divinas que rodean el cosmos como el cuerpo de la realidad misma. De esta trinidad fluyen otras innumerables emanaciones de seres divinos como Krishna, Ganesha, Hanuman, Durga, Rama, Saraswati, Parvati, Lakshmi y Kali, cada uno con su propia personalidad, propensión, función e historia. Además de estos, y otros dioses y diosas importantes, en la India se pueden hallar decenas de deidades regionales y espíritus tradicionales con distintos grados de importancia según la localidad, a los que se trata con tanta importancia y consideración como a cualquier otro fenómeno natural.

## ⸺❖ GURÚS ❖⸺

Los maestros espirituales, conocidos como *gurús*, ocupan un lugar fundamental en la práctica del dharma hindú. Aunque la casta sacerdotal (brahmán) es conocida en la sociedad hindú, el mero hecho de pertenecer a ella o de desempeñar las funciones ceremoniales de un sacerdote (*pujari*), o incluso de haber adoptado un estado de vida de renuncia

La palabra *gurú* es difícil de traducir, ya que a menudo se entiende como «cargado», tanto en el sentido de tener una gran sabiduría espiritual como el de soportar el gran peso de llevar a sus discípulos a la iluminación, y también como «disipador de la oscuridad». La relación gurú-discípulo se basa en la entrega y el compromiso mutuo, y el primero ejerce de padre, consejero y maestro y es el ejemplo que el discípulo debe seguir. Aunque el concepto de gurú ha llegado a introducirse en la cultura pop occidental, es interesante observar en qué difiere el término de las responsabilidades asociadas al cargo de gurú en su contexto original.

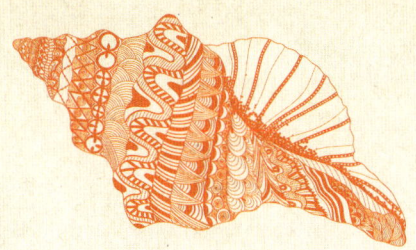

como monástico itinerante (sanyasi), no convierte a una persona en gurú. Este es un maestro consagrado que, gracias a su propia experiencia (y, a menudo, a la autoridad de su linaje), se considera capaz de guiar a otros individuos hacia la liberación (moksha).

El gurú ocupa un lugar único en la sociedad hindú. Se cree que camina libremente entre el mundo físico y el espiritual, como eslabones sagrados vivientes, cuya guía puede acelerar el desarrollo espiritual de sus seguidores y llevarlos a la iluminación y la autorrealización. Los devotos hindúes aprecian la sabiduría directa, el asesoramiento y el conocimiento del gurú. Además de participar en diversas actividades religiosas, los hindúes devotos suelen buscar el consejo de un gurú a lo largo de la vida, como un aspecto de facto de ser hindú.

En muchas tradiciones, se entiende que el conocimiento y la sabiduría que encarna el gurú se han transmitido en un verdadero linaje de maestro a maestro en lo que se conoce como un *gurú-shishya parampara*, que se remonta a las enseñanzas fundacionales ofrecidas a un discípulo por un avatar o emanación divina. En este sentido, la educación y la formación que un gurú imparte a sus discípulos suele considerarse «tan buena como la de Dios», de ahí la veneración hacia su figura. Además de instruir y aconsejar, los gurús suelen actuar como iniciadores en prácticas espirituales y etapas de la vida específicas, asignando la medicina adecuada para una experiencia o momento determinados en el camino de una persona que se esfuerza por sortear las complejidades diarias, no solo por el bien de esta vida, sino por la liberación eterna de las dificultades de la existencia material (*dukkha*).

# CICLOS DE LA COSMOLOGÍA Y DEL TIEMPO

Mientras que las teologías y filosofías del mundo occidental han considerado históricamente el tiempo como una progresión lineal de acontecimientos, que conducen de una escena importante a otra y quizás incluso a un gran cataclismo, la mayoría de los sistemas espirituales del Extremo Oriente, especialmente las creencias dhármicas, tienden a entender el tiempo en un contexto cíclico en lugar de lineal, tanto a escala microcósmica como macrocósmica.

En el microcosmos del hinduismo, se entiende que el alma humana existe cíclicamente en la rueda transmigratoria del samsara, en la que uno experimenta el nacimiento, la vida, la muerte y la reencarnación en forma de espiral, pasando por diversas etapas de encarnación, hasta el momento en que puede salir del ciclo con la liberación físico-espiritual o moksha. A un nivel macrocósmico, el dharma hindú entiende que el propio universo se mueve a través de ciclos similares, específicamente en ciclos de cuatro edades o épocas cósmicas conocidas como *yugas*. Hay cuatro yugas identificables: Satya Yuga, la era de la verdad; Treta Yuga, la era de las tres cosas; Dvarpara Yuga, la era de las dos cosas; y Kali Yuga, la era de la oscuridad. Aunque las características específicas de estas eras son complejas e interesantes de explorar, quedan fuera del alcance de este libro. Lo que quizá sea más importante comprender es que la era actual, que ha estado en vigor durante toda la historia humana registrada, tal como se conoce convencionalmente, se entiende como la de Kali Yuga, la era final en los ciclos de yugas, de discordia y decadencia, en la que el ciclo cósmico está preparado para comenzar de nuevo con la disolución total de las formas manifiestas de esta era.

En el hinduismo se considera que las realidades del Kali Yuga son las fuentes principales de los tipos de sufrimiento y dificultades que los seres humanos experimentan en sus vidas. En este sentido, el Kali Yuga también se entiende, en cierto modo, como una época en la que puede sentirse más plenamente el ímpetu de comprometerse seriamente con la vida espiritual y alcanzar la liberación de los ciclos aparentemente interminables, tanto cósmicos como personales, de nacimiento, vida, muerte y reencarnación. La toma de conciencia del Kali Yuga es un recordatorio algo doloroso de la necesidad de dar prioridad al cultivo espiritual y a la búsqueda de la liberación, saturado como está de la comprensión de la impermanencia del mundo material y de la naturaleza transitoria e insatisfactoria de la vida en el samsara.

## LAS ESCRITURAS SAGRADAS DEL HINDUISMO

El corpus de escrituras pertenecientes al dharma hindú es enorme. Abarca géneros que van desde la metafísica y la mitología hasta los tratados filosóficos, las colecciones de himnos, las instrucciones rituales y morales, los manuales médicos e incluso los discursos arquitectónicos y cosmológicos. La biblioteca de textos que el hinduismo considera escrituras comprende más contenido del que cualquier persona podría razonablemente estudiar y asimilar, quizá incluso en varias vidas.

Por esta razón, varias tradiciones dentro del hinduismo, e incluso subsecciones de esos movimientos, a menudo dan prioridad a un pequeño

Los Vedas están compuestos en una lengua antigua conocida como sánscrito, que es la lengua sagrada del hinduismo y otras creencias dhármicas. El sánscrito se suele valorar no solo por los significados que puede transmitir como lengua convencional, sino por la calidad misma de su sonido articulado, que se considera inseparable de la sabiduría de los Vedas, e incluso de la naturaleza vibratoria de la potencia creadora y las fuerzas sustentadoras de la realidad. En este sentido, el sánscrito se debe entender como un medio vital para preservar y transmitir el significado y las características esenciales del dharma.

conjunto de textos que contienen los conceptos básicos de su escuela particular de pensamiento y práctica, y proporcionan sus enseñanzas en conjunto con las enseñanzas y la interpretación de los gurús y maestros de linaje de una corriente de pensamiento dhármico.

El corpus literario más antiguo perteneciente al dharma hindú se conoce como los Vedas («conocimiento» en sánscrito). En el hinduismo, los Vedas se consideran compendios de conocimiento intemporales, anónimos y divinos. Se clasifican en cuatro grupos principales: Rigveda, conocimiento de la invocación; Yajurveda, del culto; Samaveda, del canto, y Atharvaveda, de la vida cotidiana. Cada uno de ellos contiene cuatro subdivisiones conocidas como Samhitas, textos de bendiciones religiosas e invocaciones sagradas; Aranyakas, textos rituales instructivos; Brahmanas, comentarios sobre la observancia ritual, y Upanishads, textos sobre conocimiento espiritual, filosofía y práctica meditativa.

De las diversas agrupaciones de las formas textuales definidas en la literatura védica, los Upanishads son quizás los más reconocibles como textos religiosos convencionales, al proporcionar un vínculo esencial entre las antiguas observancias rituales de la literatura védica más temprana y los depurados sistemas filosóficos y cosmológicos de creencia y culto religiosos que más asociamos con el hinduismo hoy en día.

Los Upanishads describen la naturaleza del yo (atma) y su relación con la realidad absoluta (Brahman o paramatma), al tiempo que hacen hincapié en la comprensión de la unidad esencial de todas las cosas. Este entendimiento puede facilitar el camino hacia la visión liberadora que puede volver a unir el alma individual, atrapada en la existencia material cíclica, con la naturaleza absoluta de la realidad en una unión espiritual dichosa.

Quizá la escritura hindú más conocida sea la del Bhagavad Gita («el canto del dios Bhagaván»). El Bhagavad Gita, un diálogo épico que abarca unos setecientos versos, recoge una conversación entre el dios Krishna encarnado en el auriga del príncipe Arjuna, que se enfrenta a cuestiones esenciales relativas a los dilemas intrínsecos de la vida, a través de la metáfora de una batalla aparentemente sin vencedores a la que se enfrenta. La forma narrativa del Bhagavad Gita, que ofrece profundas enseñanzas sobre el deber, la abnegación, la devoción y la realización espiritual, ha contribuido a consolidar su lugar como texto esencial de la tradición hindú, accesible a un sinfín de personas.

# CEREMONIAS Y FESTIVALES

Las primeras expresiones de la tradición hindú estaban fundadas en la práctica y la observancia de rituales, y una parte sustancial de la literatura védica está dedicada a la correcta comprensión y realización de diversos rituales y ceremonias. En general, las ceremonias y los rituales hindúes se conocen como *puja*. La puja puede adoptar innumerables formas: ofrecerse como prácticas habituales para venerar a las deidades, marcar acontecimientos vitales, iniciar diversas formas de cultivo espiritual e incluso celebrar u honrar a invitados y dignatarios. Independientemente de su aplicación, el acto de llevar a cabo una puja constituye un aspecto esencial del dharma hindú vivido, y pone de relieve la importancia central de mantener una relación de diálogo con lo divino, sacralizando al mismo tiempo los compromisos y experiencias de la vida, por lo demás comunes, para que la esencia espiritual del propio ser permanezca al frente y en el centro de la propia conciencia.

El hinduismo es una tradición religiosa que también está profundamente interrelacionada con la experiencia comunitaria de la ceremonia y el ritual. Muchas fiestas se celebran de forma comunitaria a lo largo del año, recordando a los fieles no solo la importancia de la conexión de sus vidas con lo divino, sino también entre ellos.

Uno de los festivales más famosos del dharma hindú es Diwali, el «festival de las luces», que los seguidores de la mayoría de las creencias dhármicas suelen celebrar de diversas maneras. Aunque el mito de Diwali celebra la vuelta a casa del dios Rama tras derrotar al rey demonio Ravana, desde el punto de vista práctico es una fiesta que celebra la victoria de la luz sobre la oscuridad y la del conocimiento sobre la ignorancia. Durante el Diwali, que se celebra durante cinco o seis días en otoño, los devotos iluminan sus hogares con lámparas de aceite ceremoniales y encienden fuegos artificiales en grandes celebraciones comunitarias, en las que se prodigan los banquetes y las reuniones.

## TIPOS DE PRÁCTICAS HINDÚS

Por supuesto, las modalidades exteriormente reconocibles de la vida espiritual hindú difieren de una persona a otra; sin embargo, la mayoría de los devotos del dharma hindú disponen de altares en sus casas dedicados a una o más deidades, que a menudo sirven como punto central de su práctica espiritual diaria. En el altar de cada casa, los devotos pueden hacer ofrendas de comida, incienso, agua y luz, y pueden cantar himnos devocionales, entonar breves invocaciones conocidas como mantras, recitar textos y practicar diversas formas de meditación.

La intención de cada uno de estos ejercicios puede variar enormemente: algunos devotos buscan la unión con dios mediante la devoción pura y desinteresada a lo divino (bhakti yoga), otros buscan la absorción meditativa y la unión (raja-yoga), otros utilizan su capacidad racional de introspección como medio de liberación espiritual (jñana-yoga) y otros buscan inspiración y fuerza para llevar una vida piadosa de acuerdo con sus deberes (karma-yoga).

Las diversas formas de meditación en el hinduismo también pueden tener diversas intenciones: algunas modalidades desarrollan una variedad de cualidades y capacidades para que el devoto siga bien concentrado su camino de cultivo espiritual elegido, y otras, por ejemplo, buscan obtener una disposición mental en su naturaleza fundamentalmente unificada con la esencia suprema de la realidad. En cualquier caso, los devotos del dharma hindú en raras ocasiones adoptan las prácticas meditativas con las intenciones seculares que son más habituales en el mundo occidental, centradas como están en muchos de los beneficios complementarios de la práctica espiritual, como calmar la ansiedad, reducir la presión sanguínea y aumentar la concentración.

Al margen de la práctica en el hogar, muchos hindúes buscan inspiración y guía espiritual en los templos de sus comunidades, que sirven como lugares de enseñanza y observancia espiritual tanto personal como comunitaria. No es extraño que los devotos hindúes se adhieran a una institución religiosa concreta y dediquen mucho tiempo al templo o santuario como método de práctica espiritual personal. Los templos suelen alojar a monjes y gurús y sirven como eje central de su labor docente, además de como centros de prácticas espirituales avanzadas.

En pos del ideal dhármico de la no violencia (ahimsa), y con una plena conciencia de la profunda interconexión de todas las formas de vida, muchos hindúes practican alguna forma de vegetarianismo que puede variar desde el veganismo hasta las dietas ovo-lacto vegetarianas (en las que se permiten los huevos y los lácteos), e incluso más ampliamente hasta las prácticas de abstenerse de ciertos alimentos durante periodos prescritos de ayuno, como antes de ciertas ceremonias o visitas a templos. El hinduismo considera a las vacas como criaturas divinas, y es muy raro que los hindúes consuman carne de vacuno, aunque incluyan otras carnes en su dieta.

# EL SISTEMA DE CASTAS: REALIDADES DE AYER Y HOY

La cultura del subcontinente indio no ha sido ajena a las fases comunes de desarrollo de la vida en comunidad. Uno de los aspectos más conocidos y criticados de la cultura india es el sistema de castas que, en sus iteraciones más recientes, separaba estrictamente a las personas en función de las condiciones de su nacimiento en un rígido sistema de opresivas jerarquías hereditarias. Aunque el sistema de castas de la India se abolió oficialmente en 1950, sus raíces y su larga influencia continúan definiendo la cultura india de muchas maneras en la actualidad.

El sistema de castas no es una institución inherentemente religiosa; sin embargo, sus raíces han formado parte de la cultura hindú desde tiempos inmemoriales, en el sentido de que el hinduismo ha preconizado durante mucho tiempo una visión cultural ideal, según la cual, siguiendo las causas y condiciones de sus vidas, las personas se dedican a las tareas sacerdotales y de estudio (como brahmán), al gobierno y la guerra (como kshatriya), a las funciones mercantiles y de fabricación (como vaishya) y al trabajo y la producción (como shudra). Aunque la imposición de deberes pretende proporcionar un entorno en el que los individuos puedan prosperar en el desempeño de sus propensiones kármicas, la noción de castas ha sido criticada, quizás con razón, por limitar el potencial de los individuos y mantener estructuras de poder opresivas y no equitativas a lo largo del tiempo.

Al formular cualquier crítica, es importante recordar que todas las religiones pueden verse atrapadas en la lucha entre las visiones del ideal y lo real en la vida cotidiana de las personas que se rigen por enseñanzas que han persistido durante miles de años sobre paisajes culturales en constante cambio. Las enseñanzas fundamentales del hinduismo abogan por la igualdad espiritual de todos los seres y animan a todos a buscar la liberación de las dificultades de la existencia material. Textos esenciales de la tradición, como el Bhagavad Gita, aunque sin duda hacen hincapié en la importancia de la fidelidad a los deberes del puesto que uno ocupa, también subrayan la centralidad del carácter, las cualidades personales y las acciones de una persona como definitorios de su valía, y no las meras y supuestas etapas de su nacimiento.

El camino eterno del dharma hindú es un vasto, vibrante, antiquísimo y profundo sistema de espiritualidad al que se adhieren más de mil millones de personas en todo el mundo. Como tradición originaria de la que han surgido otras creencias dhármicas, su influencia es casi inestimable. Con su complejidad equilibrada por su riqueza, las afirmaciones fundamentales, las prácticas, las creencias y las implicaciones sociales del dharma hindú proporcionan un pozo casi infinito del que se pueden aprovechar las aguas de su significado y su propósito.

El hinduismo ofrece un marco cohesionado para comprender el mundo y nuestro lugar en él, tanto desde perspectivas literales como metafóricas. La búsqueda del autoconocimiento, de una relación intencionada con lo sagrado y de la liberación de las fuerzas que nos atan a concepciones erróneas de nuestro verdadero valor y propósito son intemporales por naturaleza. Y, sin embargo, como el curso del río Ganges, la tradición hindú es un espacio vivo y en constante evolución de vida espiritual, que continuamente da a luz nuevas interpretaciones y prácticas, al tiempo que da la bienvenida a todos los que buscan vadear sus aguas.

# CÓMO EXPLORAR LOS PAISAJES SAGRADOS DE SU VIDA

*Lo sagrado* es aquello que consideramos de suma importancia, y muy a menudo esas cuestiones están íntimamente interconectadas con lugares físicos de nuestras vidas. Para algunos, el hogar de su infancia puede servir como una especie de tirtha, una esfera sagrada donde se cruzan los límites convencionales del tiempo y el espacio, y donde pueden ser transportados a una época en la que se sentían rodeados de atención y afecto por parte de padres cariñosos y miembros de la comunidad. Para otros, los restaurantes que han sido testigos de propuestas matrimoniales pueden llegar a considerarse espacios sagrados, al igual que los lugares en los que han pasado las vacaciones y de los que guardan recuerdos inolvidables. El patio de nuestra casa, como refugio donde se combinan la naturaleza y el hogar, puede ser sagrado, al igual que cualquier conjunto de maravillas naturales, como las secuoyas milenarias, los enormes precipicios del Gran Cañón o las cumbres nevadas, todo lo cual puede recordarnos nuestro lugar dentro de la naturaleza, no como su dueño o supervisor, sino como una pequeña parte de ella que puede entenderse fácilmente como sagrada.

Puede ser útil estudiar cómo los espacios y lugares de nuestras vidas han sido considerados sagrados por nuestros recuerdos y sentimientos. Cuando hacemos consciente esta percepción, a menudo inconsciente, podemos incorporar la práctica del lugar a nuestra vida espiritual, o incluso descubrir cómo ya hemos llegado a la práctica de la peregrinación para renovar nuestros corazones y nuestras mentes.

- Empiece por hacer una lista de los lugares que le vienen a la mente cuando invoca las palabras «sagrado» o «especial».
- Entre estos lugares, ¿hay alguno al que vuelva con frecuencia?
- Cuando vuelve a visitar estos lugares, ¿cuál es su motivación? ¿Qué tipo de experiencias le vienen a la mente?
- ¿Hay momentos concretos en los que se siente obligado a volver a visitar estos lugares?

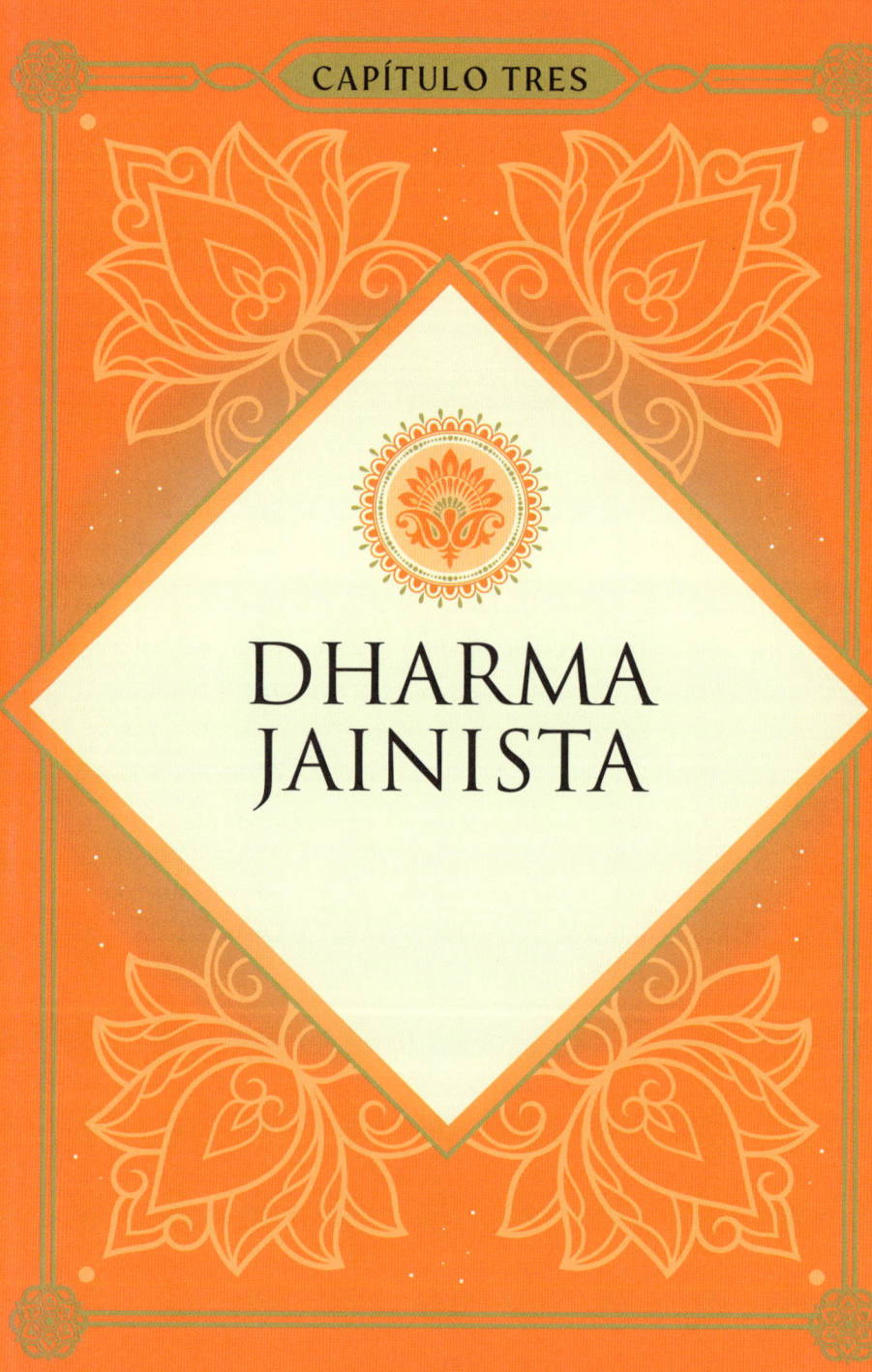

# CAPÍTULO TRES

# DHARMA JAINISTA

El darmha jainista, también conocido como jainismo, es una antigua tradición espiritual que ha desafiado la comprensión escolástica de los aspectos específicos de su génesis. Internamente, los jainistas consideran su religión un dharma eterno, es decir, una tradición sin origen finito que ha sido articulada una y otra vez por santos y sabios desde tiempos inmemoriales. El consenso de los expertos apunta a que las formas prototípicas de la tradición jainista surgieron hacia el año 3000 a. C. en el valle del río Indo, y que el punto de delimitación histórico más definitivo de la tradición se sitúa en el siglo IX a. C.

Aunque el jainismo tiene mucho en común con el dharma hindú y el dharma budista, difiere en algunos aspectos únicos. Por ejemplo, el hindú defiende la existencia de un alma eterna e inmutable (atma) que participa o incluso refleja la naturaleza suprema de la realidad en lo divino, mientras que el dharma budista postula la no existencia de un yo eterno o inalterable (anatman); por su parte, el jainismo entiende que el alma (*jiva*) es eterna, pero está sujeta a cambios. Aunque estos matices puedan parecer intrascendentes, sus implicaciones en la práctica diaria de cada una de estas tradiciones pueden llegar a ser muy importantes.

A diferencia del hinduismo y el budismo, el dharma jainista no se ha extendido por el mundo de forma masiva más allá de la diáspora india, que ha llevado prácticas religiosas a su paso. Podrían atribuirse muchas razones a esta realidad, pero no figura entre ellas ninguna noción de inferioridad filosófica. La tradición jainista es un sistema de vida espiritual abundante, complejo y muy depurado, al mismo nivel que cualquiera de las grandes tradiciones religiosas del mundo. Los buscadores de la sabiduría contenida en el paisaje espiritual de la India se verán sin duda muy beneficiados, y no les faltará material que estudiar y asimilar al recorrer la historia, la filosofía y la práctica del dharma jainista.

## ·····❦ LOS TIRTHANKARAS ❦·····

La clave para comprender cualquier concepto sobre el dharma jainista está totalmente ligada a la noción de quiénes y qué son los tirthankaras. Aunque la tradición jainista se reconoce a sí misma como no creada, eterna y fácilmente aparente en la realidad, considera que ha sido expuesta en esta época cosmológica a través del trabajo de veinticuatro seres realizados que desplegaron el dharma jainista a lo largo de milenios. Mientras que la historia de los veintidós primeros tirthankaras aún no ha sido revelada a las herramientas de los estudios religiosos modernos, los tirthankaras veintitrés y veinticuatro pueden ser identificados en el consenso erudito como seres históricos.

El término tirthankara se compone de las palabras *tirtha* y *kara*, y se traduce comúnmente como «aquella persona que construye vados». En el capítulo dos, tratamos el término tirtha en el contexto del dharma hindú de forma algo sustancial, donde se entendía como un espacio de transición o lugar de paso entre los mundos espiritual y material, cuya experiencia puede llevar a un gran progreso espiritual. El concepto jainista no es diferente, y aunque puede entenderse específicamente como un lugar físico de peregrinación, además de hacer referencia a las secciones de la comunidad espiritual jainista (*sangha*), se considera que los tirthankaras son los precursores de la tradición que, utilizando su dispensación espiritual, crean literalmente los espacios de transición en la mente y la realidad manifiesta en los que el alma puede progresar hacia la liberación.

## PARSHVANATHA Y MAHAVIRA

Al vigésimo tercer tirthankara, Parshvanatha, se le puede atribuir razonablemente el establecimiento de los fundamentos del jainismo tal y como se conoce hoy en día. Parshvanatha, que vivió entre los siglos VIII y IX a. C., es el autor de la doctrina de las cuatro restricciones, que destaca los principios de la no violencia, o *ahimsa*; la veracidad, o *satya*; la prohibición de robar, o *asteya*, y la renuncia a las posesiones, o *aparigraha*. Aunque otras tradiciones religiosas indias valoran estos principios, Parshvanatha los dotó de una reverencia especial que aún no se aplicaba a esos conceptos en el subcontinente indio.

Al igual que el hinduismo, el dharma jainista suscribe una visión cíclica del tiempo, marcado por épocas con determinadas características. Se cree que en cada uno de los semiciclos de una época o eón aparecen veinticuatro tirthankaras. Específicamente, cada semiciclo se divide en seis subsecciones, y es dentro de la tercera y cuarta subsecciones, cuando, al igual que ocurre en el Kali Yuga, los valores espirituales y morales comienzan a declinar y aparecen los tirthankaras para establecer el dharma en conjuntos de veinticuatro. Sin embargo, ha habido infinitos tirthankaras en el pasado, y habrá infinitos tirthankaras en el futuro. El tirthankara más significativo de nuestra era es Mahavira, conocido como el último santo jainista, que apareció en el ciclo actual de la cosmología jainista.

Mahavira es responsable de gran parte de la sistematización del jainismo en su práctica moderna. Por ejemplo, además de las cuatro restricciones de Parshvanatha, Mahavira añadió la noción de castidad, o brahmacharya, que estableció los cinco votos como pilar central del pensamiento y la práctica jainistas. Mahavira, contemporáneo de Buda, vivió y enseñó en el siglo VI a. C., y las doctrinas expuestas por ambos se respondían mutuamente de forma significativa.

Bajo la influencia de la carrera dispensatoria de Mahavira, la comunidad jainista se organizó formalmente, e hizo especial hincapié en las prácticas monásticas ascéticas. Mahavira llevó una vida de rigurosa disciplina ascética, soportó muchas penurias y se desprendió de todas sus posesiones personales como ejemplo del método jainista para neutralizar el karma pasado y alcanzar la moksha. Quizá Mahavira sea más conocido por exponer la doctrina de la naturaleza polifacética de la realidad absoluta (*anekantavada*), en la que se asume que solo se puede hablar de la realidad absoluta en términos provisionales, ya que la naturaleza dualista del lenguaje, con sus binarios de facto, tiende a excluir o disminuir la realidad tal como es.

Las enseñanzas de Mahavira quedaron registradas como una escritura sagrada jainista conocida como los Agamas. Por desgracia, estos textos, que se conservaban y transmitían oralmente, parecen haberse perdido en el siglo I a. C., aunque esta afirmación es uno de los muchos puntos de desacuerdo que crean la división entre las dos sectas principales del jainismo.

# DOS SECTAS PRINCIPALES: DIGAMBARA Y SVETAMBARA

Entre dos y tres siglos después de la llegada de Mahavira, la comunidad jainista se dividió en dos facciones o sectas: la digambara (vestidos con el cielo) y la svetambara (vestidos de blanco), cuyos miembros se identifican hoy por sus respectivas formas de vestir, o bien vestidos únicamente con el cielo, y por tanto funcionalmente desnudos, o con sencillas prendas blancas, a menudo no visibles. Aunque cada una de estas dos sectas afirma ser la comunidad original sucesora de las enseñanzas de Mahavira, la historia exacta de su división no está clara. Según la versión defendida por los digambara, los jainistas se separaron durante la hambruna que afectó su principal lugar de residencia, el reino de Magadha. En este difícil periodo, que duró doce años, un grupo de practicantes, seguidores del principal maestro jainista (*acharya*) Bhadrabahu, huyeron de Magadha, mientras que otros permanecieron en el lugar siguiendola tesis del monje Sthulabhadra, un antiguo discípulo de Bhadrabahu. Las diferencias más significativas entre ellos eran en relación con las prácticas ascéticas y las interpretaciones doctrinales. De forma alternativa, los svetambaras sostienen que la secta digambara apareció unos seiscientos años después de la vida de Mahavira, cuando un converso reciente a la tradición jainista, Sivabhuti, al parecer fue ganando seguidores al tiempo que rechazaba las escrituras jainistas conservadas por la secta svetambara. Algunos estudiosos sostienen que ambos relatos son hagiográficos y que no hay pruebas suficientes de que se basen en la realidad. Lo que sí se puede afirmar, sin embargo, es la constatación de que dos sectas jainistas principales persisten hasta nuestros días y mantienen diferencias relativamente menores entre ellas.

Los digambara practican la desnudez ascética, en pos de su disciplina de renuncia absoluta a las posesiones (aparigraha). Por otra parte,

El jainismo, junto con varias sectas del dharma hindú y budista, ha lidiado en diversos momentos con sus concepciones de las condiciones kármicas necesarias para alcanzar la liberación, y si esas condiciones pueden ser cumplidas por igual por mujeres y hombres. Muchos de los argumentos pertenecen a concepciones anteriores a la era moderna de la fisiología o estaban ligados a las realidades culturales de la vida antes de la era moderna (con cuestiones sobre la seguridad de las mujeres en los terrenos inciertos de las antiguas sociedades patriarcales). En la actualidad, la mayoría de las sectas han resuelto estas cuestiones, pero no siempre sin sufrir las dificultades intrínsecas a la revisión de dogmas obstinados, incluso cuando contradicen doctrinas reales.

la secta svetambara lleva sencillas prendas de tela blanca sin coser como hábito religioso. Los svetambaras reconocen un gran canon de escrituras jainistas, pero los digambaras sostienen que estas se perdieron. Asimismo, estos mantienen que las mujeres no pueden alcanzar la liberación, sino que primero deben cultivar las condiciones kármicas para reencarnarse en un hombre y luego lograr la liberación, mientras que los svetambaras sostienen que las mujeres están tan capacitadas espiritualmente como los hombres, e incluso llegan a afirmar que el decimonoveno tirthankara era una mujer.

# TRANSTEÍSMO, REENCARNACIÓN Y LIBERACIÓN

La tradición jainista concibe la realidad como autoexistente y de naturaleza eterna, si no sujeta a cambios y reorganizaciones a lo largo de un tiempo infinito. Desprovisto de toda noción de deidad creadora o personalidad suprema, el jainismo no es una tradición asentada en un materialismo abyecto. Entiende el universo a través de una perspectiva claramente espiritual. Postula clases de ser en reinos espirituales más allá del estado humano mortal. Sin embargo, los detalles de cómo existen esos estados del ser son algo distintos de la concepción hindú.

En el jainismo se entiende que el alma que consigue la liberación alcanza la dicha, el conocimiento y la percepción infinitos, con lo cual deja de ser considerada un alma condicionada y pasa a ser un *Siddha*, es decir, un ser liberado y realizado. Cuando un alma alcanza la liberación sale del cuerpo físico y asciende a la cima del universo en el reino de los Siddhas, nunca destinada a volver a entrar en los estados materiales y samsáricos del ser. En el dharma jainista se entiende que el estado de dicha, conocimiento y percepción infinitos representa el estado original del alma, antes de quedar condicionada por la acumulación de materia kármica. Así que, en un sentido muy real, el único camino hacia la perfección es desprenderse y renunciar conscientemente a esta materia kármica, y no a través de prácticas espirituales aditivas.

Samyak Jñana

Samyak Darshana

Samyak Charitra

# LAS TRES JOYAS
## DEL JAINISMO

El camino hacia la liberación en el dharma jainista puede resumirse esencialmente en sus tres joyas (*ratnatraya*): visión correcta, o *Samyak Darshana*; conocimiento correcto, o *Samyak Jñana*; y conducta correcta, o *Samyak Charitra*. Es bajo el amparo de las tres joyas que se sitúa fácilmente casi toda la filosofía y práctica jainista.

## VISIÓN CORRECTA

Fundamentalmente, el cultivo de la visión correcta en el dharma jainista implica una aceptación de la naturaleza de uno mismo como alma (jiva) y del contexto en el que el alma está situada, refiriéndose al samsara ligado a la materia. La visión correcta es inherente a la fe en las enseñanzas de los tirthankaras, que han expuesto la visión fundamental del mundo que el dharma jainista considera verdadera. Sin los fundamentos establecidos en la visión correcta, uno no puede esperar progresar de manera fiable en la vida espiritual, sino que, por el contrario, se vería estancado prematuramente en su desarrollo, preocupado por el hecho de que las cosas sean de cualquier otra manera que la tradición entiende que son.

## CONOCIMIENTO CORRECTO

El conocimiento correcto se deriva de la visión correcta y se refiere específicamente a una conciencia indudable de los *tattvas*, o hechos soteriológicos o verdades principales definidos por la tradición, que son siete o nueve dependiendo de la situación de cada uno dentro de las sectas digambara o svetambara, respectivamente. Los tattvas de la secta digambara son jiva (alma) y *ajiva* (lo que no tiene alma), las divisiones constituyentes fundamentales de la realidad. Además, las funciones de asrava (la afluencia de materia kármica en el alma) y *bandha* (la esclavitud resultante de la mezcla del alma con la materia kármica) se describen como los tattvas que finalmente predicen la necesidad de liberación. *Samvara*, o la obstrucción de la afluencia de materia kármica en el alma, y *nirjara*, la separación y disociación gradual de la materia kármica del alma, se definen como los tattvas que allanan el camino para el amanecer de moksha (el estado que se alcanza cuando el alma está completamente libre de materia kármica). A estos, la secta svetambara añade dos tattvas, entre ajiva (lo que no tiene alma) y asrava (la afluencia de materia kármica en el alma), que son punya (acciones positivas que purifican el alma) y papa (acciones negativas o pecaminosas que atan el alma a la materia kármica), que, en algunas clasificaciones del pensamiento jainista, se sitúan propiamente en el ámbito de la conducta correcta.

## CONDUCTA CORRECTA

La conducta correcta es el comportamiento y la capacidad de control de acuerdo con las implicaciones del conocimiento correcto, en el que uno trabaja proactivamente para deshacerse de la materia kármica y purificar el alma en busca de la liberación. El dharma jainista establece cinco votos como las formas fundamentales en las que se manifiesta la conducta correcta.

# LOS CINCO VOTOS
## DEL DHARMA JAINISTA

La vida espiritual de un devoto jainista está arraigada en los cinco votos, que se aplican por igual a los practicantes ascéticos y a los laicos, aunque estos abordan los votos a través de una perspectiva interpretativa que refleja su posición social. Antes de pasar al estudio de los cinco votos, el practicante jainista debe situarse adecuadamente en la vida espiritual, alineándose con un preceptor espiritual vivo o gurú, y la dispensación de un tirthankara. Una vez ya esté bien asentado, el devoto jainista debe trabajar para liberarse de las cinco ofensas, es decir, liberarse de las dudas sobre la fe y superar la indecisión sobre las verdades epistemológicas y soteriológicas (tattvas) del jainismo. Debe cultivar un deseo sincero de realizar directamente el dharma jainista, confraternizar con otros devotos jainistas (sangha) y cultivar la admiración por las búsquedas y prácticas espirituales colectivas de esa confraternización, que pueden servir para motivar e inspirar su práctica espiritual personal. Una vez cumplidos estos requisitos previos, se pueden acometer los cinco votos.

Los cinco votos son:

- Ahimsa: no violencia
- Satya: veracidad
- Asteya: prohibición de robar
- Aparigraha: no a las posesiones
- Brahmacharya: castidad

El propósito de estos votos es ayudar a los jainistas a eliminar la acumulación de materia kármica, al tiempo que queman o liberan la que ya se ha acumulado y entremezclado con su esencia espiritual (jiva) y les mantiene atados a la existencia material y al samsara (existencia cíclica demarcada por el sufrimiento).

Para los jainistas svetambara, que llevan ropa blanca sin coser como parte de su compromiso con una vida ascética de simplicidad, uno de los elementos más distintivos de su vestimenta es un trozo de tela rectangular que cubre la boca y se ata tras las orejas llamado *muhapatti*. Si bien una de las funciones de los muhapattis es servir de protección para no cometer actos violentos, aunque sea involuntariamente al inhalar organismos microscópicos, también sirve de recordatorio para limitar el habla, y, al hablar, hacerlo de acuerdo con el voto de satya, o veracidad.

## AHIMSA

La no violencia es quizá el principio más distintivo del jainismo, que aunque está presente en otras creencias dhármicas, es posiblemente el más apreciado dentro del dharma jainista. La forma en la que los adeptos jainistas, y especialmente los monásticos, asumen su compromiso con la no violencia resulta sorprendente para muchas personas. Por ejemplo, es habitual que los ascetas jainistas lleven una pequeña escoba para barrer suavemente el camino que tienen delante, a fin de evitar pisar y dañar a los insectos y otras formas de vida que pueden pasar desapercibidas. Este mismo principio suele animar a los ascetas jainistas a comprometerse aún más con una vida sedentaria, para evitar la violencia y la destrucción que puede causar el movimiento excesivo en el trabajo. Los jainistas, que son casi universalmente vegetarianos, suelen evitar comer tubérculos, por el riesgo de dañar diversas formas de vida al cavar la tierra y recoger los vegetales.

## SATYA

La veracidad es un aspecto importante de la vida jainista, que se refiere no solo a lo que se dice, sino también al diálogo interno y al compromiso con lo espiritual. El voto de satya es, en esencia, un voto de integridad. Valorar la verdad es sinónimo de valorar la realidad que, cuando se percibe con claridad y no simplemente a través de diversas interpretaciones que parecen justificar las propias predilecciones momentáneas de cada uno, ilumina con seguridad el camino hacia la liberación.

## ASTEYA

La prohibición de robar es un voto que parece sencillo, después de todo, la moral básica común a casi todas las culturas condena el robo. Sin embargo, para los jainistas, este voto va más allá de lo físico y se extiende a los ámbitos psicológico, social e incluso espiritual. Los deseos incontrolados y las motivaciones falsas pueden constituir un robo. Según las enseñanzas jainistas, la materia kármica se acumula y se entremezcla con el alma, tanto con intención como sin ella, y las particularidades que pueden discernirse de la amplia naturaleza de los cinco votos suscita una disciplina necesaria para obstruir dichas acumulaciones ulteriores.

## APARIGRAHA

La renuncia a las posesiones es un voto que se refiere a mantener una vida sencilla centrada en las cosas espirituales, y no dejarse atrapar por las actividades que pueden conducir a deseos sin fin e incluso al robo. Para el alma, que busca desligarse de la materia kármica, hay poco lugar para la acumulación de posesiones físicas que, ciertamente, no tienen cabida en el ámbito liberado de los Siddhas.

## BRAHMACHARYA

El voto de castidad es común a los sacerdotes que practican el hinduismo, el jainismo y el budismo. La sexualidad es un terreno en el que todos los demás votos pueden mezclarse y romperse fácilmente. Como ámbito de la condición humana enraizada en lo físico, el deseo y la posesión, y repleta de engaño e incluso violencia, los ascetas jainistas renuncian a la sexualidad como actividad que, incluso en sus manifestaciones más consensuadas, puede alejarnos de una vida espiritual centrada.

# CÓMO PRACTICAR
# LOS CINCO VOTOS

Para muchos, el jainismo puede ser una tradición difícil de asimilar. Como escuela espiritual arraigada en la renuncia y la negación, para muchas personas la idea de renunciar a una serie de actividades en lugar de incorporarlas a nuestra vida cotidiana puede parecer extraña. En este ejercicio examinará los cinco votos del jainismo uno por uno e identificará una única actividad en su vida (de acuerdo con cada voto) a la que podría renunciar durante un día para experimentar la intención de las enseñanzas jainistas. Por ejemplo, si no es vegetariano, puede optar por practicar el vegetarianismo durante un día para practicar la ahimsa, o no violencia. Para experimentar aparigraha, o la renuncia a las posesiones, puede probar a dejar el móvil apagado y en casa durante todo el día. El objetivo de este ejercicio es considerar intencionadamente cada uno de los votos jainistas y encontrar actividades o experiencias que puedan llevarse a cabo de forma significativa durante el breve periodo de un solo día.

Una vez que haya elaborado su lista, establezca una fecha y ponga en práctica cada uno de sus apartados. Tome nota de lo que experimenta a lo largo de ese día. Por ejemplo, puede que se encuentre ansioso e inconscientemente busque el teléfono móvil si ha elegido dejarlo a un lado en su día de renuncia a las posesiones. Si ha optado por el vegetarianismo, puede que le entren ganas de comer carne, e incluso puede que se aburra cuando se aleje de las tentaciones consumistas y distracciones constantes y desinhibidas a los que la mayoría de nosotros nos vemos sometidos en la vida cotidiana. Imagínese cómo podría ser su vida, y cuál podría ser su capacidad para la búsqueda de la realización espiritual, si se esforzara más en simplificar su vida y practicara la renuncia en lugar de la aceptación, aunque fuera de forma cualificada.

En muchos sentidos, la vida ideal de un discípulo jainista es la vida ascética, que se considera el camino más directo hacia la liberación. Sin embargo, las vidas humanas son complicadas y, por las razones que sean, una vida ascética de monacato en la que se renuncia a todo puede que no sea factible para muchas personas. En la comunidad jainista, la vocación primordial de los monjes es ocuparse a tiempo completo de los asuntos espirituales, servir como ejemplos de disciplina espiritual y ser guías de la comunidad jainista. A su vez, los laicos procuran apoyar a los monjes en su vocación y hacer un buen uso de sus enseñanzas.

Aunque tanto los monjes como los laicos jainistas asumen los mismos cinco votos, lo hacen con diferentes grados de intensidad, según lo permitan sus respectivas posiciones sociales. Mientras que el monje jainista se compromete al celibato, el laico jainista puede restringir la sexualidad exclusivamente a su matrimonio. Así como el monástico renuncia a todas sus posesiones, el laico puede tratar de limitar sus posesiones y cultivar una actitud de no apego a las que tiene. La intención general del dharma jainista es la misma para todas las personas, pero el camino monástico proporciona un mayor acceso para explorar y aplicar plenamente sus principios. Se entiende que los ascetas monásticos pueden alcanzar la liberación a través de sus actos, pero para un profano, el mejor de los casos sería lograr una reencarnación más propicia, en la que su situación vital le permitiera ejercer como monástico.

Más allá del ámbito general de vida establecido cuando uno emprende el aprendizaje de los cinco votos del jainismo, hay varias prácticas espirituales específicas que los jainistas adoptan en apoyo de sus vidas de cultivo espiritual. Como tradición dhármica, quizá no sorprenda que la meditación ocupe un lugar importante en la espiritualidad jainista. El dharma jainista enseña una modalidad exclusiva de meditación conocida como *samayika*, que se prolonga durante cuarenta y ocho minutos seguidos y que los practicantes devotos llevan a cabo de forma habitual.

Otro aspecto de la vida espiritual diaria de los piadosos devotos jainistas es la práctica del *pratikramana*, o autoexamen ritual, que implica confesar y mostrar arrepentimiento por las propias limitaciones espirituales. Esta práctica se prescribe a los ascetas al menos dos veces al día y ayuda a mantener el voto de satya (o veracidad) para mantener la vida cotidiana anclada en el camino de la liberación.

Una de las invocaciones más comunes de la práctica espiritual jainista es el Namokar Mantra, que es una sencilla recitación de homenaje a los *arahant* que habitan en sus cuerpos; a los siddhas, o seres liberados que han abandonado sus cuerpos; a los acharias, o líderes espirituales de la comunidad jainista; a los *upadhyayas*, maestros y eruditos; y a los sadhus, la comunidad monástica de ayer y hoy. Curiosamente, el mantra, que puede considerarse una forma de oración, no suplica ni pide nada, sino que simplemente ofrece atención y respeto a los ejemplos de la tradición como medio de alinear la propia conciencia con la de ellos para que los propios actos lleguen a reflejar los de los santos y sabios de la tradición.

El estudio de las escrituras y enseñanzas, no solo de los tirthanka-ras sino también de otros sabios jainistas, forma parte de la práctica jainista, al igual que las actividades devocionales que buscan adaptar la propia conciencia a los vencedores de la tradición a lo largo de la historia para que los actos de cada uno conduzcan igualmente a la liberación.

La visión del mundo que propone el jainismo ofrece una vía única para el cultivo espiritual. Aunque muchos aspectos del dharma jainista se pueden identificar en otras creencias dhármicas, el especial énfasis del jainismo en la no violencia y su insistencia en el no absolutismo son únicos. La difusión del jainismo quizá se haya visto limitada por centrar estrictamente su atención en la práctica de la renuncia; sin embargo, su influencia en la filosofía y la religión (especialmente, en el budismo) es vasta y profunda. El jainismo ofrece muchas ideas y prácticas que pueden aplicarse de forma significativa a la vida cotidiana, incluso si uno no es capaz de asumir plenamente el jainismo tal como lo prescribe la ortodoxia.

# CAPÍTULO CUATRO

# DHARMA BUDISTA

A nivel mundial, el dharma budista, o budismo, es quizá la tradición espiritual más conocida de la India. El budismo, que se extendió desde su génesis en el noreste de la India hacia toda Asia, ha continuado su expansión por todo el mundo y ha hecho importantes incursiones en Occidente en los últimos cien años. El budismo es una vastísima tradición con un marco evolutivo de enseñanzas filosóficas y prácticas que se han adaptado continuamente a las culturas en las que se han implementado. Es interesante señalar que el budismo no ocupa un lugar destacado en la identidad religiosa de los habitantes de la India actual, pero unos quinientos millones de personas en todo el mundo reivindican como propia esta religión.

# SIDDHARTHA GAUTAMA Y EL NACIMIENTO DEL BUDISMO

La historia del budismo está especialmente ligada a la vida de un hombre llamado Siddhartha Gautama, que nació en el siglo V a. C. en la ciudad de Lumbini, en la nación del subcontinente indio conocida hoy en día como Nepal. Hijo del jefe del clan Shakya, la hagiografía budista afirma que al nacer Siddhartha se profetizó que su vida seguiría uno de estos dos caminos: o bien sería un gran gobernante cuando heredase el trono de su padre, el rey que gobernaba el clan de los Sakya, o sería un gran maestro religioso. Naturalmente, el padre de Siddhartha tenía un gran interés en que su hijo le sucediera en el cargo y liderara a su pueblo, por lo que, al enterarse de la profecía, hizo todo lo posible para convertir al joven en un gran líder guerrero, al tiempo que le protegía de cualquier experiencia vital que pudiera llevarle a buscar una vida espiritual.

Finalmente, el joven Siddhartha alcanzó una edad en la que debía empezar a asumir algunos deberes públicos y responsabilidades para el liderazgo de su pueblo. Pero no fue así, con veintinueve años, el joven decidió salir al mundo por primera vez, contemplándolo más allá de todos los obstáculos y barreras que su padre había colocado para que no se apartase del futuro que había imaginado para él. A pesar de su constante planificación y de las mejores intenciones por parte del anciano Gautama, Siddhartha se encontraría en su incursión por el mundo con cuatro visiones que cambiaron la trayectoria de su vida.

## LAS CUATRO VISIONES Y LA BÚSQUEDA ESPIRITUAL DE SIDDHARTHA

El futuro Buda, que dejaba atrás su vida cuidadosamente organizada en compañía de su auriga Chandaka, se encontró con un anciano, un enfermo y un cadáver, y Chandaka le explicó que cada uno de ellos eran destinos que inevitablemente les ocurren a todas las personas. Esta realidad conmocionó a Siddhartha hasta lo más profundo de su ser, y justo cuando podía haber abandonado toda esperanza, se encontró con un asceta, un monje que dedicaba su vida a comprender y encontrar la liberación de la lucha de la existencia material. Fue este encuentro final lo que impulsó a Siddhartha en su inevitable búsqueda espiritual.

Como renunciante de nuevo cuño, Siddhartha estudió la mayoría de las tradiciones espirituales y escuelas filosóficas que estaban a su alcance y se comprometió por completo con diversas prácticas ascéticas, incluido el ayuno extremo y largas horas de meditación, que lo llevarían al borde de la muerte. Sin embargo, por mucho que lo intentó, sus preguntas existenciales no fueron resueltas por las enseñanzas de ninguno de los gurús que conoció. A través de una serie de acontecimientos posteriores, que harían que Siddhartha adoptara un camino intermedio entre los extremos del ascetismo y el aparente hedonismo de la vida laica, resolvió, por fin, confiar en sus propios medios para alcanzar la liberación. Sentado bajo una higuera, Siddhartha permaneció en contemplación durante siete semanas. Finalmente, a la edad de treinta y cinco años, tras seis años de ardua práctica espiritual, el joven Siddhartha alcanzó la liberación y pasó a ser conocido desde entonces y para siempre como Buda, el que está despierto.

# LOS PRINCIPIOS FILOSÓFICOS BÁSICOS DEL BUDISMO

Cuando Siddhartha, tras su búsqueda espiritual, resurgió como Buda, su primera enseñanza se refirió de forma natural a muchos de los temas y supuestos espirituales propios del panorama religioso de su época y lugar. Sin embargo, un matiz en particular estableció definiti-vamente el dharma budista como una dispensación espiritual distinta de las diversas formas de dharma hindú y jainista que predominaban en la época; se trataba del *anatman*. Anatman significa literalmente «la ausencia o insustancialidad de un alma». Mientras que los hindúes ven el aspecto fundamental del ser en el atman, o alma, como una realidad eterna e inmutable que emana de, o incluso como, la realidad suprema de la divinidad, y los jainistas consideran el alma, o jiva, como una unidad fundamental de la realidad, que es eterna y está sujeta a di-versas condiciones, Buda postuló la carencia fundamental de cualquier aspecto perdurable del propio ser que pudiera identificarse como un

Buda vivió y enseñó al mismo tiempo y en el mismo lugar relativo que el vigésimo cuarto tirthankara jainista Mahavira. Buda conocía la comunidad jainista, y es probable que su formación espiritual inicial se basara en las prácticas espirituales jainistas. Algunos eruditos han llegado incluso a sugerir que Siddhartha estudió formalmente con Mahavira. De hecho, el dharma jainista y el dharma budista comparten muchas características, especialmente en sus iteraciones monásticas. Sin embargo, los caminos del budismo y el jainismo se separan en muchos aspectos importantes, especialmente en los ejercicios filosóficos y prácticos posteriores del budismo.

alma o yo permanente. Por lo tanto, en lugar de cultivar la relación del alma con lo divino, o depurarla de las intrusiones de la materia kármica, el budismo trata de recalibrar la comprensión de la realidad de sus adeptos erradicando las nociones aparentemente erróneas de un alma eterna en el corazón del ser.

La mayoría de las enseñanzas budistas fundamentales están profundamente arraigadas en la comprensión del anatman, o ausencia del yo. Por ejemplo, en su primera enseñanza pública tras su despertar espiritual, Buda definió lo que los budistas de todo el mundo conocen en la actualidad como las enseñanzas fundamentales del budismo, compartidas por todas las escuelas que pertenecen a la tradición: las cuatro nobles verdades.

## LAS CUATRO NOBLES VERDADES

Las cuatro nobles verdades son cuatro palabras que ponen en movimiento la rueda del dharma budista. Las cuatro nobles verdades, que definen sistemáticamente la dificultad esencial de la vida, sus causas y condiciones, la posibilidad de resolverla y un camino de práctica para conseguirlo, son el punto de partida de todas las enseñanzas budistas posteriores. Se las conoce con los nombres de *dukkha*, *samudaya*, *nirodha* y *marga*.

 **Dukkha**: el término *dukkha*, que literalmente significa «la rueda floja del carro», se suele traducir como «sufrimiento» o «insatisfacción». El budismo supone que toda vida condicionada está marcada por una sensación de malestar en la que, entre los extremos del sufrimiento abyecto y la decepción pasajera, la vida no es todo lo buena que podría ser, o quizá incluso que *debería* ser. Aun cuando las cosas van bien, esos momentos están destinados a llegar a su fin, al igual que nuestro propio declive y disolución en la muerte está previsto de antemano. Esta realidad es una especie de herida primigenia que descansa en el fondo de todo viaje espiritual. No significa que la vida no sirva para nada y no merezca la pena vivirla, sino que siempre estamos coqueteando de forma inapropiada con la impermanencia y la insustancialidad de la realidad.

**Samudaya:** literalmente significa «origen» y explica cómo surge el dukkha (o la insatisfacción). El término *samudaya* nos indica la realidad de que todas las cosas aparentemente tangibles están compuestas en su naturaleza y no están constituidas por ningún ser fundacional, duradero o identificable de forma única. De hecho, al igual que el yo, todas las cosas son insustanciales y, en su naturaleza aparentemente provisional y compuesta, están destinadas a desaparecer, lo que las hace impermanentes. Cuando tratamos cualquier cosa de cualquier manera que no sea con la debida deferencia a su naturaleza insustancial y transitoria, surge el concepto de dukkha (o sufrimiento) cuando su verdadera realidad se revela finalmente. Apegarse a cosas a las que no podemos apegarnos y desear que las cosas del momento presente sean de otra manera de lo que fundamentalmente son, es el origen de dukkha.

 **Nirodha:** literalmente significa «cesación». La *nirodha* nos enseña que es posible comprometerse con nuestras vidas y con la realidad de tal modo que las causas y condiciones del sufrimiento no tengan oportunidad de manifestarse. Si nuestro sufrimiento surge de un maltrato fundamental, o de un desajuste, en nuestra comprensión de la realidad, entonces, desde un punto de vista lógico, debería ser posible aliviar ese maltrato recalibrando nuestra comprensión para llegar a un lugar diferente, en estados más armoniosos del ser y de acuerdo con las fuerzas de la realidad tal como son.

 **Marga:** el término *marga*, que significa literalmente «el camino», describe los pasos para manifestar nirodha (la cesación del sufrimiento) y alcanzar así un estado de liberación que nos libere de la

agonía de los ciclos de sufrimiento macrocósmicos y microcósmicos de nuestra existencia, que ya hemos definido como samsara (también presente en el dharma hindú y el dharma jainista). Tradicionalmente, en el budismo el camino hacia la liberación se resume en un concepto posterior conocido como el óctuple sendero, que postula que si un practicante cultiva la visión, la intención, la palabra, la acción, los medios de vida, el esfuerzo, la concentración y la atención correctos, el despertar se alcanza de forma natural. En otras palabras, si trabajamos para obtener una visión de la realidad que refleje cómo es en realidad, y luego adecuamos nuestro comportamiento con esa visión, el resultado es que nuestras vidas se liberan del sufrimiento de dukkha. En resumen, el practicante budista hace todo lo posible por ver las cosas como son y no como no son, y por actuar en consecuencia.

## LOS TRES REFUGIOS Y EL CICLO DE LA PRÁCTICA TRIPLE

Aunque la noción de anatman, las cuatro nobles verdades y el óctuple sendero establecen una visión global del mundo y una orientación filosófica para resolver los problemas que se plantean, estas enseñanzas por sí solas pueden parecer un poco sesudas y alejadas de las nociones de cómo se puede alcanzar la iluminación o la liberación. Ciertamente, el camino budista está plagado de numerosas formas de práctica y de instrucciones detalladas sobre métodos prácticos para llegar a la conciencia directa de la realidad señalada en cada una de estas enseñanzas.

En los primeros tiempos de las enseñanzas de Buda, ser budista significaba ser seguidor directo de Buda, viajar literalmente con él y aprender de él como asceta mendicante. Alguien, de corrientes que se hacían eco en otras religiones del mundo, se acercaba al Buda, le pedía ser su alumno, y él respondía: «*Ehi bhikkhu*», o «¡Ven monje!» Sin embargo, con el tiempo, un mayor compromiso se convertiría en requisito para convertirse en alumno de Buda y entrar en su comunidad espiritual (sangha). También aparecerían más opciones para ser un discípulo dedicado a sus enseñanzas, como una comunidad de cabezas de familia laicos que trabajarían desde su respectiva posición social para hacerlo lo mejor posible según su capacidad y de acuerdo con las enseñanzas.

Tanto para los monjes como para los laicos, la fórmula para convertirse en budista es la misma: desde la época de Buda hasta la actualidad, uno simplemente acepta los tres refugios, a veces llamado el voto de los tres refugios, comprometiéndose con Buda como su guía espiritual último, con las enseñanzas de Buda (dharma) como el mapa de su vida espiritual, y con la comunidad más amplia de seguidores dedicados (sangha) como fuentes de instrucción, inspiración y apoyo.

Tras haber hecho los votos de refugio y haberse comprometido con el camino del dharma budista, el practicante comienza a comprometerse con el ciclo de la práctica triple de *sīla*, *samadhi* y *prajna*. Sīla es la práctica de una conducta ética según los preceptos budistas; samadhi es la práctica de la absorción concentrada en la meditación, y prajna es la práctica de vivir de acuerdo con la sabiduría que se manifiesta en la propia práctica continua.

Al recitar los tres refugios tres veces con la mayor sinceridad, en el mejor de los casos, en compañía de un maestro budista debidamente cualificado o ante una imagen de Buda como testigo de la propia integridad e intención, uno se convierte formalmente en budista. No hay más ritual de iniciación que este. Tradicionalmente, los votos de refugio se recitan en pali, una lengua sagrada específica del budismo estrechamente relacionada con el sánscrito: «*Buddham Saranam Gacchami, Dhammam Saranam Gacchami, Sangham Saranam Gacchami*», que traducido significa: «Me refugio en el Buda, me refugio en el dharma, me refugio en el sangha».

A menudo, junto con la realización de los tres refugios, un discípulo budista se compromete a observar los cinco preceptos, que constituyen la práctica de la sīla. Aunque los monjes y las monjas se comprometen a cumplir un mayor número de preceptos, desde un mínimo de diez hasta más de trescientos, la intención de todos estos aspectos específicos de la vida en el contexto del monacato está recogida en los cinco preceptos básicos. Los cinco preceptos indican al adepto budista que debe abstenerse de matar, robar, mantener relaciones sexuales, mentir y consumir sustancias nocivas.

Más que simples advertencias morales, cuando se asumen con la seriedad adecuada, los cinco preceptos del budismo se convierten en sí mismos en una forma de meditación, en la que el discípulo budista trata de que sus acciones, incluidas sus intenciones, estén en consonancia con una conciencia de la naturaleza de la realidad sin crear el tipo de karma (causalidad) que da lugar a las causas y condiciones de dukkha. De hecho, la sīla (práctica de los preceptos) se convierte en absorción meditativa (samadhi).

Es en la absorción meditativa concentrada (samadhi) donde uno obtiene la capacidad de acción y la perspicacia para mantener la conciencia de las cuatro nobles verdades a lo largo de su vida, y para entrar en una relación con la realidad de tal manera que sus acciones concuerden naturalmente con ella. El resultado de esta absorción meditativa y de esta relación concentrada con la realidad es la sabiduría, o prajna.

Prajna significa literalmente «antes de pensar», e implica una comprensión de la realidad tan profundamente realizada que actuar de acuerdo con ella ya no requiere el pensamiento discursivo o el análisis común a las actividades de la vida diaria, y a partir de la cual se hace posible el acuerdo espontáneo con la visión correcta postulada en el óctuple sendero. Al actuar a partir de prajna, el practicante manifiesta de forma natural la vida ética propuesta en los cinco preceptos (sīlla), lo que a su vez profundiza su capacidad de permanecer en absorción meditativa concentrada (samadhi) y de manifestar continuamente la sabiduría que existe antes de pensar (prajna). Para el discípulo budista, el ciclo de la práctica triple de sīlla, samadhi y prajna continúa casi indefinidamente, incluso como la actividad de un ser despierto o liberado.

## ····❧ TIPOS DE SERES ❧···· DESPIERTOS Y LA NATURALEZA DE LA LIBERACIÓN

Las enseñanzas esenciales del budismo pueden presentarse fácilmente como un esquema humanista, con poco espacio para las consideraciones metafísicas comunes al resto de tradiciones dhármicas. Sin duda, uno de los motivos que ha permitido que el budismo prospere y se extienda tan ampliamente por todo el mundo, a menudo en tierras dominadas por otras religiones no dhármicas, es la realidad de que sus fundamentos no dependen de cosmologías fijas ni de preocupaciones metafísicas. Eso no significa, sin embargo, que el budismo en su contexto original y en sus iteraciones posteriores carezca de estos aspectos.

A pesar de las posibilidades humanísticas de la filosofía budista, no cabe duda de que la tradición es un producto de su momento y lugar, y en muchos aspectos es integradora de las visiones del mundo imperantes contenidas en ella. El dilema básico que Buda intentaba superar en su búsqueda espiritual era el del samsara, la existencia cíclica presupuesta de nacimiento, vida, muerte y reencarnación, que se entiende como problemática y cargada de conflictos. El samsara, en las formulaciones clásicas, es un proceso que actúa sobre el alma (o atma), y es en la búsqueda de este atma para deshacer su condicionamiento y facilitar su moksha del samsara de donde proceden las percepciones únicas de Buda, fundamentalmente con la constatación de que no existe un alma individual y perdurable que quede atrapada en el samsara.

Buda fue un maestro excepcionalmente pragmático que se centró por completo en transmitir a sus seguidores lo esencial que había descubierto en su búsqueda espiritual. No le parecía acertado dedicar su tiempo a opinar interminablemente sobre cuestiones de cosmología y metafísica, sino que prefería proponer las filosofías y prácticas esenciales que podían conducirnos directamente al despertar y a la liberación, en el sentido de liberarnos de los puntos de vista erróneos que nos mantienen atados al sufrimiento en el contexto microcósmico y, de facto, al samsara en el contexto macrocósmico. Es significativo que Buda considerara infructuoso dedicar tiempo a contemplar la naturaleza exacta del yo aparente o compuesto y sus límites de una supuesta vida a la siguiente. El Buda también consideró improductivo opinar sobre la naturaleza eterna (o la ausencia de ella) del universo en el tiempo, los límites (o la ausencia de ellos) del universo en el espacio, la identificación exacta de un ser con su cuerpo (o la disimilitud de un ser con su cuerpo) y la continuidad (o disolución) de un ser despierto más allá de la muerte. De este modo, aunque el budismo aborda a menudo diversas cuestiones metafísicas y cosmológicas, evita estancarse en aquellas cuestiones que no pueden resolverse mediante el análisis racional y dirige al practicante, una y otra vez, de vuelta al terreno fértil de la práctica espiritual real, más allá del mero pensamiento discursivo.

## ARAHANT, BODHISATTVAS Y SERES DESPIERTOS EN GENERAL

En el budismo existen varias categorías de seres iluminados o liberados. En primer lugar están los budas, considerados fundamentalmente como seres liberados una vez en una era, que propugnan el dharma en una era de su desaparición, lo que no difiere de la noción jainista de los tirthankaras. Cuando se utiliza en este sentido, se hace referencia específicamente a los *samyaksambudas*, es decir, a aquellos seres iluminados por sus propios méritos que luego pueden enseñar a otros. Según la mayoría de las escuelas de pensamiento budista, Siddhartha Gautama, el sabio iluminado del clan Shakya (*Buda Shakyamuni*) es el samyaksambuda, o más sencillamente, el Buda de la era actual.

Además de los samyaksambudas, también existen los *pratyekabu-das*, que son seres que se han liberado por medio de su propio esfuerzo, pero que, por la razón que sea, son incapaces de enseñar o no quieren enseñar a los demás. En algunas escuelas budistas, se piensa que para alcanzar la iluminación y enseñar a los demás, hay que lograr la liberación mediante las enseñanzas del samyaksambuda.

Además de los samyaksambudas y los pratyekabudas, existen los *sravakabudas*es decir, los seres despiertos que alcanzan la liberación siguiendo la dispensación de un samyaksambuda. Aunque los sravaka-budas son seres despiertos que poseen la misma percepción y realización que un samyaksambuda, en el lenguaje común se les denomina arahant para distinguirlos del Buda Shakyamuni, Sidhartha Gautama.

La palabra *arahant* significa literalmente «el que es digno», especialmente, de admiración y de ser seguido. La condición de arahant representa la etapa de realización a la que aspiran todos los budistas, ya sea en esta vida o en vidas futuras. En algunas escuelas de pensamiento, se considera que el arahant es un ser que practica el dharma budista y alcanza la liberación principalmente para sí mismo, y se contrapone, peyorativamente, a los bodhisattvas (literalmente, «seres despiertos») que practican para alcanzar la liberación y poder instruir a otros, o que han alcanzado la liberación pero, en lugar de entrar en el nirvana (fin de la reencarnación), se comprometen a persistir hasta que todos los seres sean liberados del samsara.

El ideal del bodhisattva ha calado en el budismo, sobre todo en su desarrollo en Extremo Oriente y Occidente. Funcionalmente, el ideal del bodhisattva transmuta la conciencia del propio sufrimiento y, por tanto, del sufrimiento de todos los demás seres, en un incentivo para la práctica, motivado por el potencial de convertirse en un héroe que pueda servir a todos los seres, a lo largo del tiempo y el espacio, como liberador. Puede decirse que esta perspectiva es la de los medios eficaces (conocidos en el budismo como *upaya*), más que una diferencia de carácter ontológico entre el logro o la compasión de un arahant en comparación.

Más allá del ideal funcional del bodhisattva, la tradición budista ha llegado a plantear la existencia de numerosos seres en estado de bodhisattva que pueden intervenir, bien como héroes que ayudan a los practicantes en su propio cultivo mediante la intercesión, o bien mediante su encarnación ejemplar de cualidades específicas que pueden inspirar al practicante en su propia práctica. Estas personalidades son más conocidas en las escuelas budistas Mahayana y Vajrayana, que representan generalmente la tradición tal y como evolucionó más allá de la vida del propio Buda Shakyamuni, y perfeccionó gradualmente su mito al tiempo que adoptaba diversas prácticas y creencias populares de las culturas predominantes en las zonas en las que se implantó la religión.

Un ejemplo de bodhisattva es Avalokitesvara, cuyo significado suele ser «el señor que mira hacia abajo con compasión», que comenzó a venerarse en el budismo como la personificación de la compasión en un cuerpo masculino. A medida que la tradición se trasladó del subcontinente indio a China, a través del Himalaya, el bodhisattva experimentó gradualmente un cambio de género, junto con un cambio de nombre, para convertirse en el arquetipo femenino y maternal de la compasión, Guan Yin, o «la que escucha los lamentos del mundo».

# EXPANSIÓN Y DECLIVE DEL BUDISMO

Al principio de este capítulo se señalaba que, en la actualidad, el budismo representa una comunidad bastante pequeña en el panorama religioso de la India actual. Sin embargo, no siempre ha sido así. Tras la vida y el ministerio del Buda Shakyamuni en el siglo VI, el budismo se expandió rápidamente por todo el subcontinente indio. En el siglo III a. C., el emperador Ashoka (del primer imperio panindio, el Maurya) se convirtió al budismo y estableció el dharma budista como religión del estado. Ashoka construyó innumerables pilares con enseñanzas budistas por todo el imperio Maurya y recurrió a numerosos emisarios para que difundieran la religión más allá de las fronteras de la India.

La expansión generalizada del budismo por toda la India continuaría hasta el siglo XII a. C., momento en el que sus enfrentamientos con diversas fuerzas sociopolíticas, incluida la pérdida del patrocinio real, junto con el importante resurgimiento del dharma hindú y la llegada del islam al subcontinente indio, pronosticarían su declive. Una fuerza significativa en la desaparición funcional del budismo como religión diferenciada en la India tuvo que ver con un deliberado empeño en absorber las enseñanzas budistas en el reemergente entorno religioso hindú. En algunas sectas, Buda fue la novena encarnación (avatar) del dios hindú Visnú, que se encarnó para restablecer el principio dhármico de la ahimsa y poner fin a diversos ritos y prácticas sacrificiales védicos.

A pesar del declive del budismo en la India, la fe continuó extendiéndose más allá de sus fronteras hasta convertirse en la religión actual. En las últimas décadas, la población budista ha crecido algo en la India con la afluencia de inmigrantes pertenecientes a la diáspora tibetana, y con la conversión generalizada de los dalits (también conocidos como «intocables») al budismo gracias a los esfuerzos de B. R. Ambedkar para restablecer la posición sociológica de esta casta utilizando la identificación religiosa fuera del alcance del sistema de castas alineado con el hinduismo.

El dharma budista ha sido una tradición de enorme impacto a escala mundial. Ha influido ampliamente no solo en el panorama religioso, sino también en el filosófico y cultural de casi todo el Extremo Oriente asiático y, posiblemente, de gran parte del mundo. Las enseñanzas esenciales del budismo sobre la naturaleza transitoria e insustancial del autoconcepto (además de todas las demás formas de cosas materiales), las cuatro nobles verdades, el óctuple sendero y el ciclo de la práctica triple se han convertido casi en sinónimos de humanismo religioso. Mientras el mundo posmoderno sigue tratando de entender su pasado místico y su presente científico con la esperanza de hacer realidad un mañana integrado, en el que la condición humana pueda perfeccionarse hasta alcanzar un estado de prosperidad, el budismo ha influido y sigue influyendo profundamente en las escuelas modernas de psicología e incluso en las religiones occidentales. Por ejemplo, el movimiento «mindfulness», muy conocido en los campos del asesoramiento, la psicología y el bienestar, y la práctica de la oración centrada, muy extendida en el catolicismo, se han inspirado abiertamente en la filosofía y la práctica budistas.

# MEDITACIÓN BASADA EN CONTAR LAS RESPIRACIONES

Una técnica común en la mayoría de las escuelas de práctica budista es la de contar las veces que inhalamos y exhalamos al meditar. A menudo se enseña a nivel de iniciación, pero la técnica de contar la respiración puede requerir mucho tiempo. Al igual que la práctica de los preceptos, contar la respiración tiene por objeto ayudar al meditador a llegar a las puertas del samadhi, o absorción meditativa concentrada, en la que puede alcanzarse el prajna, o la sabiduría anterior al pensamiento.

Casi todas las instrucciones básicas de meditación pueden resumirse de la manera siguiente: sentarse, relajarse y prestar atención.

❁ Para practicar la meditación basada en contar las respiraciones, solo necesita un lugar tranquilo en el que sentarse, sin que nadie le moleste, y disponer de entre cinco y treinta minutos (dependiendo de la progresión de su práctica). Determine de antemano el tiempo que va a dedicar a la meditación y ponga un cronómetro en marcha (empezar con cinco o diez minutos es lo más adecuado para los principiantes); luego, siéntese.

❁ Ya sea sentado en una silla, en un escalón o incluso sobre un cojín de meditación, los principios básicos son mantener la espalda recta y sin que se apoye en ningún sitio (como si la cabeza estuviera suspendida por un hilo y la espalda estuviera alineada con ella de un modo natural), con tres puntos de contacto (en una silla, el trasero en el tercio delantero de la silla y los dos pies apoyados en el suelo) y las manos descansando en posición neutra con las palmas hacia arriba, para empezar. Si es posible, las rodillas deben estar ligeramente por debajo del nivel de la cintura para evitar la constricción del flujo sanguíneo en las piernas y para abrir el camino a la expansión de la parte inferior del abdomen mientras se respira. Los ojos deben permanecer entreabiertos, con la mirada fija en un objeto situado a unos 60 centímetros delante de usted.

- Una vez ha encontrado su espacio, programado el cronómetro y adoptado una posición adecuada, puede empezar su ejercicio de respiración, inspirando y expirando por la nariz, si es posible. Al inhalar, expanda la parte inferior del abdomen, concentrándose en la zona situada a unos tres dedos de distancia por debajo del ombligo y, al exhalar, deje que el abdomen se relaje suavemente.

- Después de realizar tres respiraciones profundas para garantizar una postura correcta y establecer un ritmo, puede empezar a contar las respiraciones; cada ciclo de inhalación y exhalación constituirá un recuento. Durante la meditación, mantenga la atención en su respiración y su recuento.

- Cuando su mente se distraiga o se encuentre pensando en algo ajeno a la actividad que está realizando (respirar y contar), simplemente céntrese de nuevo en la respiración y vuelva a empezar a contar desde el principio. Puede que le resulte un proceso difícil y que tenga que practicar bastante para pasar de cero a tres; pero es normal. Vuelva a centrar su atención en la respiración y, una vez más, comience a contar desde uno.

- Un buen indicador de que está avanzando en esta técnica es la capacidad de contar de cero a diez y, cuando se consigue de forma sistemática, empezar a contar de diez a uno. La práctica necesaria para alcanzar este nivel de concentración es significativa y puede llevar incluso años de dedicación, durante los cuales, sin duda, empezará a experimentar los numerosos beneficios que produce meditar de forma habitual, al tiempo que se abre la puerta a una práctica más avanzada que se asienta sobre la base de la disciplina y la atención concentrada en la absorción meditativa que habrá desarrollado. Disfrute practicando esta técnica.

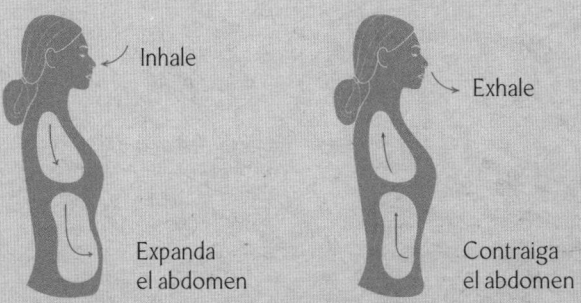

Inhale

Exhale

Expanda el abdomen

Contraiga el abdomen

# CAPÍTULO CINCO

# DHARMA
## SIJ

El dharma sij, o sijismo, es la más reciente de las creencias dhármicas que han aparecido en el subcontinente indio. Surgida en la región india del Punjab hacia el siglo XV a. C., en la actualidad unos veintiocho millones de personas reivindican el dharma sij como su identidad espiritual. Como fe profundamente comprometida con los principios de igualdad, justicia y compasión, el sijismo es un sistema pragmático de espiritualidad más preocupado por la veracidad, la fidelidad, el autocontrol y la pureza que por formulaciones metafísicas abstractas. Aunque, al igual que el dharma budista, el sijismo ha desarrollado sin duda una interpretación muy depurada de las dimensiones metafísicas y teológicas de la vida, también sigue comprometido principalmente con la forma en que los individuos se comportan en el mundo, sirven a sus comunidades y, al hacerlo, mantienen unos estrechos vínculos con lo sagrado.

# GURÚ NANAK Y LOS GURÚS SUCESORES

Cualquier examen del dharma sij debe comenzar conociendo al gurú fundador de la tradición sij, Gurú Nanak, y sus nueve sucesores. De hecho, la propia palabra *sij* implica ser «alumno» o «discípulo» de los gurús. Gurú Nanak vivió entre 1469 y 1539. Procedente de la ciudad de Nankana Sahib (en una región situada hoy día en Pakistán), Gurú Nanak se interesó profundamente por las cuestiones espirituales desde muy joven, aunque no en el sentido de tener una devoción ciega por los principios espirituales imperantes en la época. En lugar de ello, Gurú Nanak estaba dispuesto a cuestionar las expresiones dogmáticas y ritualizadas de la espiritualidad habituales en su época, y a criticar la desigualdad social que percibía en la sociedad, a menudo dominada por la pretensión religiosa.

Los relatos sobre la vida de Gurú Nanak son diversos y están envueltos en la hagiografía, al igual que los detalles sobre otros líderes religiosos y fundadores, y los historiadores y devotos a menudo se forman imágenes contradictorias de lo que puede considerarse real en relación con su vida. Lo cierto es que Gurú Nanak vivió una vida ilustre, desenvolviéndose con soltura entre los conflictos teológicos y sociopolíticos de su época, y, en última instancia, fundó una nueva dispensación religiosa. La vida del gurú estuvo marcada especialmente por una letanía de viajes espirituales (o *udasis*), durante los cuales se relacionó con místicos y videntes de las grandes tradiciones religiosas conocidas en su época, y a través de sus experiencias únicas llegó a comprender la unicidad de Dios, la igualdad intrínseca de todos los seres humanos (sin distinción de casta, identidad religiosa o sexo), la importancia de una vida honesta e íntegra y el rechazo de las observancias religiosas rituales, que el gurú percibía como intentos vacíos de vivir una vida centrada en la devoción y el recuerdo de Dios. Las enseñanzas de Gurú Nanak se conservan en el Japji Sahib, que constituye la tesis inicial de las escrituras sijs.

## GURÚ ANGAD Y LOS GURÚS SUCESORES

**El segundo gurú:** antes de su muerte, Gurú Nanak nombró al segundo gurú, Gurú Angad (1504-1552), su sucesor al frente de la comunidad de seguidores que había establecido. Angad es un nombre espiritual (significa aproximadamente «de mi propia carne») que Gurú Nanak dio a su discípulo, el cual había nacido con el nombre de Lehna. Gurú Angad es muy recordado por su desarrollo de la escritura gurmují, que comprende el alfabeto sagrado del sijismo, así como por su recopilación de los himnos compuestos por Gurú Nanak, iniciando así la formalización de las escrituras sij.

**El tercer gurú:** Gurú Amar Das (1479-1574) fue elegido sucesor por Gurú Angad (por encima de su propio hijo). Se le recuerda, entre otras muchas cosas, por su composición del Anand Sahib, una de las oraciones diarias fundamentales de la tradición sij. Encargado de poner orden en la emergente comunidad sij, Gurú Amar Das codificó significativamente muchas de las prácticas religiosas observadas por los sijs. Promovió el compromiso de la comunidad sij con la visión de igualdad expuesta por Gurú Nanak, condenando las prácticas de autoinmolación de las esposas en los funerales de sus maridos y la práctica de llevar velo entre las mujeres sijs, al tiempo que institucionalizaba la práctica sij de cenar con todos, reunidos en posiciones de igualdad.

**El cuarto gurú:** Gurú Ram Das (1534-1581) fundó la ciudad de Amritsar, que sigue siendo el epicentro espiritual y cultural de la fe sij. Entre sus muchas contribuciones a las escrituras sijs, Gurú Ram Das compuso los himnos invocados en las ceremonias matrimoniales sijs conocidos como el *Laavaan*. Al nombrar a su hijo sucesor y líder de la comunidad sij, todos los gurús posteriores de la fe sij son recordados como descendientes genealógicos de Gurú Ram Das.

**El quinto gurú:** Gurú Arjan (1563-1606) es conocido como el compilador del Adi Granth, que se convirtió en la primera escritura oficial de la fe sij y sigue desempeñando un papel importantísimo en el sijismo actual. Además de encargar y supervisar la construcción del Templo Dorado de Amritsar (conocido como Harmandir Sahib), Gurú Arjan es uno de los dos gurús sijs martirizados por orden del emperador mogol Jahangir tras su negativa a convertirse al Islam.

**El sexto gurú:** Gurú Hargobind (1595-1644) fue nombrado sucesor de su padre, Gurú Arjan, solo cinco días antes de su muerte. Dejó a su hijo la instrucción expresa de iniciar una tradición militar dentro de la comunidad sij con fines de autodefensa. Fue así, bajo Gurú Hargobind, como se introdujo en el sijismo el concepto de *Miri* y *Piri* (la reciprocidad de poderes temporales y espirituales); él llevaba dos espadas idénticas como expresión externa de esta noción. Con la articulación abierta de la reciprocidad o el equilibrio de las fuerzas temporales y espirituales, Gurú Hargobind estableció el Akal Takht, o «trono del Dios eterno», en Amritsar, frente al Templo Dorado de Harmandir Sahib, como sede principal de la autoridad temporal en la comunidad sij.

**El séptimo gurú:** Gurú Har Rai (1630-1661) sucedió a su abuelo, Gurú Hargobind, a la edad de catorce años. Se le recuerda como un líder pacífico de la comunidad sij, que guardó ciertas distancias con las acciones del Imperio mogol, al tiempo que mantenía un gran ejército permanente, aunque nunca entró en guerra. Gurú Har Rai estaba especialmente interesado en la protección de la naturaleza y el fomento de las artes curativas, junto con la fidelidad a toda costa a las enseñanzas sijs. De hecho, Gurú Har Rai eligió a su hijo menor como sucesor después de que su hijo mayor pareciera haber malinterpretado intencionadamente una escritura sij en aras de un favor terrenal.

**El octavo gurú:** Gurú Har Krishan (1656-1664) se convirtió en líder de la comunidad sij a la edad de cinco años, cimentando el concepto sij de que la sabiduría no está necesariamente ligada con la edad. Gurú Har Krishan murió de viruela cuando tenía siete años y acabó nombrando sucesor a su tío. Se le recuerda principalmente por sus conocimientos espirituales, su compasión y su humildad.

**El noveno gurú:** Gurú Tegh Bahadur (1621-1675) era el nieto menor de Gurú Hargobind y tío de Gurú Har Krishan. Fue el segundo líder sij martirizado, curiosamente, en defensa de los derechos religiosos de los devotos hindúes en Cachemira. Gurú Tegh Bahadur viajó mucho a lo largo de su vida, difundiendo el dharma sij mientras vivía con austeridad, dedicándose serenamente a los principios de la fe sij.

**El décimo gurú:** Gurú Gobind Singh (1666-1708) sucedió a su padre, Gurú Tegh Bahadur, al cumplir nueve años, como décimo y último gurú humano. Gurú Gobind Singh es recordado por las huellas que dejó en la comunidad sij, como la fundación de la orden de iniciativa de los santos soldados conocida como la Khalsa, con expectativas morales y éticas distintivas, y un código de vestimenta único que incluye las cinco K:

- **kesh**: pelo sin cortar
- **kara**: brazalete de acero
- **kanga**: peine de madera
- **kachera**: prenda interior de algodón
- **kirpan**: espada

Gurú Gobind Singh también finalizó las escrituras sijs en el Granth Sahib y otorgó a este el rango de gurú eterno, indicando que los sijs debían reconocer al Gurú Granth Sahib como su gurú perpetuo y definitivo.

# EL GURÚ GRANTH SAHIB

El Gurú Granth Sahib no solo es la principal escritura del sijismo,
sino también el gurú eterno de la comunidad sij. Los textos del Gurú
Granth Sahib se consideran reveladores y acreditados a perpetuidad.
Además de las enseñanzas de los diez gurús sijs anteriores, el Gurú
Granth Sahib también recoge algunos escritos de personalidades del
dharma hindú y del Islam, sin sintetizar ni hacer apología de ninguna
de estas religiones. Los textos del Gurú Granth Sahib abarcan un amplio abanico de temas, no solo sobre la naturaleza de Dios y el propósito de la vida humana, sino también sobre la importancia de la devoción
en la vida humana, así como orientaciones sobre la moral y la ética.
Como reflejo del desarrollo de la tradición sij, el Gurú Granth Sahib
hace hincapié en la igualdad intrínseca de la humanidad y en la importancia del servicio desinteresado o *seva*.

# EL MUL MANTRA: LOS FUNDAMENTOS DEL DHARMA SIJ

La oración fundacional de la tradición sij es el Mul Mantra, que compone el verso inicial del Gurú Granth Sahib. En las palabras del Mul Mantra se encuentran la base esencial y el marco teológico de toda la fe sij. En español, Mul Mantra puede traducirse como: «Hay un ser supremo, la realidad eterna, el creador, sin miedo, sin enemigos, inmortal, nunca encarnado, autoexistente, conocido por la gracia a través del verdadero gurú». Entendido en su contexto, el Mul Mantra establece el sijismo como una fe consagrada a un Dios singular que se considera la fuerza eterna y creadora de la realidad, más allá del tiempo y el espacio, del nacimiento y la muerte, y, de hecho, autoexistente. Como naturaleza absoluta de la realidad misma, Dios se hace real a través de las enseñanzas misericordiosas de los gurús.

A partir de la aclaración del Mul Mantra sobre la naturaleza de lo divino, el Gurú Granth Sahib hace hincapié en el servicio desinteresado, la justicia y la veracidad como principios fundamentales del modo de vida sij, a través de los cuales Dios puede revelarse.

El sijismo se describe a veces como una tradición de síntesis que abrió un camino de práctica espiritual entre la gravedad de las tradiciones hindú e islámica, en marcado conflicto, en vida de Gurú Nanak. Aunque se pueden identificar aspectos del sijismo que comparten algunos elementos comunes con el hinduismo y el islam, es un error entender el sijismo a través de la perspectiva del sincretismo, cuando, de hecho, el dharma sij es un sistema único de espiritualidad que se mantiene independiente en su iteración actual y en su desarrollo inicial, al margen de cualquiera de las tradiciones religiosas mencionadas anteriormente.

# EL PRAGMATISMO
# DEL SIJISMO

El dharma sij es una tradición profundamente preocupada por la veracidad, la fidelidad, el autocontrol y la pureza, mucho más que por formulaciones metafísicas complejas y abstractas. El gurú fundador del dharma sij, Gurú Nanak, dijo en una ocasión: «La verdad es más elevada que todo, pero más elevada aún es la vida honrada». Puede entenderse entonces que, aunque el sijismo tiene ciertamente una comprensión bien desarrollada de la naturaleza de lo divino, la humanidad y su lugar dentro del cosmos, lo que más le preocupa es el sentido de la vida recta, cargada de la integridad que puede percibirse claramente en el cuidado de los demás y para los demás, como demostraron los diez gurús sijs humanos a través de sus propias vidas.

Rechazando la ritualización vacía de la vida espiritual, Gurú Nanak hizo hincapié en la sencillez de la devoción incondicional a Dios y su expresión a través del seva (servicio desinteresado), la vida familiar abnegada, el trabajo honesto y el compartir los propios recursos. El dharma sij no promueve el rechazo del mundo mediante el cultivo ascético o estilos de vida de renuncia, sino que insiste en la inseparabilidad del desarrollo espiritual con una vida de participación responsable y plena en el mundo, tanto en sus aspectos espirituales como temporales.

# MIRI Y PIRI: ENTRE LO ESPIRITUAL Y LO TEMPORAL

Los principios de Miri y Piri se han mencionado anteriormente en este capítulo, desde su postulación por parte del sexto líder sij, Gurú Hargobind. La comprensión de la reciprocidad y el equilibrio de Miri y Piri es uno de los aspectos más pragmáticos del dharma sij, en el que los asuntos mundanos se entienden no como totalmente distintos de la espiritualidad y las búsquedas espirituales, sino como un aspecto igual de la vida al que hay que atender de manera consciente.

La palabra Piri hace referencia al aspecto espiritual de la vida, que se caracteriza por la devoción a Dios y el cultivo de la vida interior de acuerdo con las enseñanzas del dharma sij. En Piri se encuentra la obligación de perseguir la santidad, tanto en los compromisos como en las acciones. Por el contrario, Miri hace referencia al aspecto temporal de la vida, que abarca los ámbitos mundanos e incluso políticos de la experiencia, dentro de los cuales uno debe vivir y actuar de acuerdo con sus compromisos espirituales. Es en Miri donde se puede conseguir

Junto con la acción de dejarse crecer el pelo por parte de Gurú Gobind Singh, o kesh, como una de las cinco formas distintivas de vestir en la Khalsa, llegó el uso generalizado del turbante, o *dastar*, por parte de muchos hombres y mujeres sijs. El turbante tiene varias finalidades prácticas: sirve para proteger el cabello sin cortar, para cubrirse la cabeza en presencia del Gurú Granth Sahib como símbolo de dedicación espiritual y, especialmente, para significar la igualdad de todas las personas (ya que antes el uso del turbante se asociaba con el estatus social y, sobre todo, con la realeza), por lo que se anima a todos los sijs a ponerse el turbante.

principalmente la equidad, la justicia y la rectitud, y en este sentido, se anima a los sijs a no rehuir el mundo ni refugiarse en lo espiritual, sino a invocar lo espiritual en sus dimensiones externas, como participantes activos y contribuyentes a la sociedad humana en general.

## LOS CINCO LADRONES

Mientras que los dharmas hindú, jainista y budista hacen hincapié en el ascetismo como caminos superiores para el cultivo espiritual, el dharma sij requiere que los seguidores de la fe permanezcan activos en el mundo. Dicho esto, el compromiso del sijismo con el mundo físico no implica una adopción total del hedonismo; por tanto, también reconoce la existencia de vicios mundanos contra los que hay que permanecer alerta. Conocidos como los Panch Dosh, o cinco ladrones, el sijismo entiende que estos vicios fundamentales —la lujuria, la ira, la codicia, el apego y el orgullo excesivo— pueden menoscabar el cultivo espiritual de una persona y, en última instancia, su integridad temporal.

En el sijismo, la **lujuria** (*kaam*) no se entiende solo como deseo sexual o sensual, sino más bien como un anhelo incontrolado que puede llegar a dominar la vida y el pensamiento de una persona, trastornando así su cultivo espiritual y conduciéndola por caminos equivocados.

La **ira** (*krodh*) puede entenderse desde la cólera. En esencia, una respuesta psicológica incontrolada a la insatisfacción o la frustración, la ira puede derivar fácilmente en una violencia injustificada, resentimiento y otros estados mentales y acciones físicas que no concuerdan con los principales compromisos y y la visión del mundo de los sijs.

La **codicia** (*lobh*) equivale al deseo incontrolado de poseer cosas que están por encima de lo que uno necesita o merece. La codicia es enemiga de la equidad, y la búsqueda o el acaparamiento de recursos materiales puede conducir no solo a actuaciones deshonestas por parte de uno mismo, sino a inspirar lo mismo en los demás.

El **apego** (*moh*) puede entenderse como un engaño o una orientación fundamental que se inclina hacia el mundo temporal a expensas de la devoción primaria a Dios. Íntimamente relacionado con la codicia, la ira y la lujuria, el apego, o el deseo de que las cosas sean o se mantengan distintas de lo que son o pueden ser, en sus formas más extremas, puede llevar a negar la naturaleza fundamental de Dios y de la realidad.

El **orgullo excesivo** (*ahnkaar*) puede entenderse como un ego descontrolado o un falso sentido de la propia importancia que niega la igualdad intrínseca de toda la humanidad. Dicho egocentrismo puede provocar codicia e ira desenfrenadas, en particular, y mermar la capacidad de la persona para dedicarse al seva, o servicio desinteresado.

La espiritualidad práctica del dharma sij puede entenderse a través de un examen de los cinco ladrones, que deben identificarse, abordarse y superarse constantemente para vivir una vida de equilibrio y rectitud de acuerdo con la realidad de Dios, revelada a través de la gracia de los gurús. El Gurú Granth Sahib enseña que los cinco ladrones pueden ser controlados o superados a través de tres caminos: meditando en el nombre de dios (*Naam Japna*), mediante la práctica de servicios desinteresados (seva) y llevando una vida disciplinada de acuerdo con las verdades reveladas en la tradición sij.

# LAS PRÁCTICAS ESPIRITUALES DEL DHARMA SIJ

La dispensación espiritual de Gurú Nanak era una simple recalibración del propio corazón y de los compromisos a través de la conciencia de la naturaleza de Dios. El dharma sij prescindió de muchas de las complicadas prácticas y métricas espirituales, habituales en la época y el espacio de su fundación, y pidió a la gente que simplemente viviera con abnegación e integridad, recordando a Dios. Aunque poco a poco se ha ido desarrollando un conjunto único de compromisos y ceremonias dentro de la tradición, el sijismo desde un punto de vista práctico sigue estando muy arraigado en la visión de Gurú Nanak.

La práctica espiritual del sijismo quizá se resuma mejor en los tres pilares, que definen los métodos principales para que un adepto sij viva su fe:

1. **Naam Japna**: meditar en el nombre de dios.
2. **Kirat Karni**: ganarse la vida honradamente.
3. **Vand Chakna**: compartir los recursos propios con los demás.

En cuanto a la meditación en el nombre de dios, o Naam Japna, existen muchos métodos a través de los cuales se lleva a cabo, como la reflexión silenciosa sobre la naturaleza de Dios, la recitación del Mul Mantra y la participación en el canto congregacional de los himnos del Gurú Granth Sahib, conocido como *kirtan*.

Además de las prácticas espirituales, uno debe ganarse la vida y abrirse camino en el mundo. Para un sij devoto, el propio hecho de ganarse la vida le sirve para el cultivo espiritual a través del poder sacralizador de la veracidad y la integridad en su duro trabajo; esta es la práctica del Kirat Karni. Si bien el mundo del comercio y del trabajo puede ofrecer muchas oportunidades para explotar a los demás o bien dedicarse a la autoestima egocéntrica, también ofrece oportunidades iguales para practicar proactivamente la honestidad y la fidelidad a la visión del mundo de los sijs, arraigada en la conciencia de Dios.

Por último, compartir los propios recursos, o Vand Chakna, es la esencia misma del seva, en el que uno participa de la naturaleza misma de Dios a través del reconocimiento de la unidad fundamental y la igualdad intrínseca de todos los seres humanos. Al dar libremente de uno mismo y de sus pertenencias, el ego puede calibrarse de un modo saludable para alinearse con los valores a los que aspira el sijismo.

Cada uno de los tres pilares refuerza la propia resistencia a los cinco ladrones y, al hacerlo, cultiva una conciencia cada vez más profunda de Dios, a través de la cual las dificultades de la vida se sitúan en la propia mente y se ven como maneras de expresar la propia conexión con lo divino. A través de estas prácticas la mente se purifica, y las tendencias y rasgos negativos pueden convertirse en virtudes positivas, allanando el camino para una vida de crecimiento espiritual.

## ¿LA VERDAD ABSOLUTA?

La vida de Gurú Nanak, y de muchos de los gurús sijs, estuvo plagada de innumerables viajes espirituales (o udasis) en los que entablaron un intenso diálogo interreligioso e interfilosófico. Las lecciones imperecederas que los gurús han enseñado sobre estas interacciones nos hablan de la naturaleza universal de las verdades espirituales que trascienden y se infiltran en las fronteras religiosas. El sijismo entiende que todas las religiones buscan la misma verdad espiritual, y ha defendido durante mucho tiempo la libertad religiosa y el pluralismo.

Al defender la hermandad universal y la igualdad de la humanidad, el sijismo no se centra en las posibles divisiones de la religiosidad. Su objetivo es defender la legitimidad de todos los caminos que aspiran

a la paz, la justicia y la verdad, centrándose en los valores comparti-
dos y en la esencia de la vida espiritual por encima de los dogmas y las
observancias rituales. El Gurú Granth Sahib incluye versos compuestos
por santos procedentes tanto del islam como del dharma hindú, lo que
subraya la idea sij de que la verdad o la sabiduría espiritual no están
necesariamente confinadas o relegadas a un único camino espiritual.

## ···❖ EL SIJISMO EN OCCIDENTE ❖···

Dos formas principales de sijismo han llegado a Occidente: el sijismo
ortodoxo —cuya variedad es normativa en la región del Punjab, donde
el sijismo tuvo su génesis—, practicado en comunidades pobladas por
la diáspora india y pakistaní, y el sijismo popularizado por Harbhajan
Singh Khalsa (o Yogi Bhajan), practicado por comunidades occidentales
conversas. Merece la pena comprender algunas diferencias notables
entre estas dos vertientes del sijismo.

El principal centro de la vida religiosa sij es un lugar de culto
religioso conocido como *gurdwara*, que significa literalmente
«la puerta que conduce al Gurú». Un gurdwara tiene como punto
central una plataforma elevada, o palanquín (palki), sobre la que
descansa el Gurú Granth Sahib. Casi todos los gurdwara albergan
también una cocina comunitaria, o *langer*, en la que se preparan
de forma habitual comidas que se ofrecen a todas las personas,
independientemente de su raza, religión, casta o credo. Aunque
los gurdwaras son lugar de culto religioso fundamentales para
la vida sij, todo el mundo es bienvenido, especialmente para
escuchar las enseñanzas del Gurú Granth Sahib.

# ATRAPAR A LOS CINCO LADRONES

No hace falta ser un sij muy devoto para comprender lo importante que es para todos nosotros vigilar nuestra propia lujuria, ira, codicia, apego y egocentrismo. Es probable que si cada uno de nosotros realizara un análisis personal sincero, descubriríamos que estas pulsiones que no se controlan en nuestras propias vidas nos alejan de la percepción ideal que tenemos de nosotros mismos.

Ser consciente de esas pulsiones negativas descontroladas puede ser difícil, y pedir simplemente a una persona que examine sus puntos débiles es un ejercicio inútil. Sin embargo, guiado por las enseñanzas sij sobre los cinco ladrones, uno se dirige a cinco áreas específicas de autoindagación, que iluminan las áreas que nuestro egocentrismo desenfrenado puede habernos llevado a pasar por alto.

- Haga una lista de los cinco ladrones y deje cinco líneas debajo de cada uno de ellos.

- Cada día, durante cinco días, examine a uno de los ladrones y reflexione sobre cómo se ve a si mismo siendo potencialmente robado por cada uno de estos ladrones, de uno en uno.

- Intente identificar al menos cinco posibles procesos de pensamiento, disposiciones o acciones específicas que vea potencialmente relacionadas con el ladrón en cuestión.

- Al final del día, identifique la acción o disposición que considere que más refuerza al ladrón en cuestión. Y, al final de los cinco días, haga una nueva lista de esas cinco acciones o disposiciones.

- Cuando haya llegado al sexto día, reflexione sobre cómo esas acciones o disposiciones se interrelacionan con su visión del mundo. ¿De qué manera le reconfortan y de qué manera le incomodan? ¿De qué manera estas acciones concuerdan con el tipo de persona que usted quiere ser?

✧ Mientras reflexiona, trate de identificar cinco modos de servicio desinteresado que podría poner en práctica a diario para perfeccionar su relación con los ámbitos de experiencia más afectados por los cinco ladrones. Adopte una de estas modalidades diariamente durante cinco días.

✧ Por último, después de una semana de trabajar con los modos de servicio desinteresado, que podría ser hacer algo tan sencillo como abrir una puerta a todo aquel que se encuentre a pesar de que no ande muy sobrado de tiempo, escriba sus reflexiones en un diario personal sobre cómo esta práctica le ha acercado (o alejado) de estar en armonía con su propia visión del mundo, sus aspiraciones morales y su ética.

A pesar de su relativa rareza en Occidente, el sijismo
es, en última instancia, la quinta religión del mundo.
La palabra *sij* significa literalmente «buscador», «discípulo»
o «estudiante», y puede entenderse coloquialmente como
«un discípulo de los gurús que busca la verdad».
El sijismo como religión defiende la igualdad de todos los
seres humanos, preconiza el servicio a la humanidad, es
dogmáticamente tolerante con otras tradiciones religiosas y
respeta la verdad dondequiera que se encuentre.

En 1968, cuando Yogi Bhajan llegó a Occidente, comenzó a enseñar una combinación única de Kundalini Yoga y dharma sij, que esencialmente constituye una tradición sincrética moderna. Mientras que, tradicionalmente, el sijismo se ocupa de las prácticas de Naam Japna, kirtan y seva (como se explica a lo largo de este capítulo), Yogi Bhajan sublimó estas prácticas en la cultura fisioespiritual del kundalini yoga. Aunque esto no siempre fue bien entendido o recibido por quienes eran sijs desde su nacimiento, a través de sus enseñanzas, muchos de los seguidores de Yogi Bhajan adquirieron un profundo aprecio por el modo de vida sij y adoptaron identidades sijs.

Las enseñanzas de Yogi Bhajan establecen el uso de ropa blanca a estudiantes y seguidores, mientras que las cinco *K* del sijismo ortodoxo no establecen tal modo de vestir. Yogi Bhajan introdujo varias ceremonias y rituales (como los ritos matrimoniales y las celebraciones del solsticio) que no forman parte de las observancias religiosas tradicionales sijs, ya que están ligadas al rechazo de la devoción ritualista por parte de Gurú Nanak. Yogi Bhajan también introdujo unas pautas dietéticas muy específicas, que incluyen el vegetarianismo estricto, y aunque muchos sijs de todo el mundo siguen una dieta vegetariana, esta no es una práctica universal en el sijismo tradicional u ortodoxo.

Desde sus orígenes en la región del Punjab durante el siglo XV, el sijismo ha crecido hasta convertirse en una importante religión mundial. La tradición sij y su comunidad, que ponen especial énfasis en la unicidad de Dios, la igualdad intrínseca de la humanidad y la importancia de vivir una vida veraz, han defendido durante mucho tiempo la justicia y la equidad en los frentes espiritual y temporal, a veces como auténticos santos soldados y otras como guerreros virtuales de la paz, la libertad y la verdad. Aunque el sijismo postula que ninguna religión tiene el monopolio de la verdad, las diferencias del sijismo, tal como se ha recibido en Occidente y tal como lo ha practicado históricamente la diáspora sij, han suscitado muchos debates sobre los límites de la identidad y la práctica sij.

# CAPÍTULO SEIS

# EL CAMINO
# DEL YOGA

La palabra *yoga* es conocida en todo el mundo. Para muchos occidentales modernos, el término evoca imágenes de personas conscientes de su salud dedicadas a la práctica de estiramientos guiados, probablemente con ropa deportiva de diseño y tal vez en salas sofocantes, repletas de colchonetas de goma, espejos y todo tipo de accesorios. Estas imágenes son extraordinariamente anacrónicas con respecto a los cinco mil años de historia del yoga. El «yoga» entró por primera vez en el léxico de la espiritualidad india con la aparición del Rigveda, haciendo muchas apariciones en iteraciones posteriores de la literatura sanatana dhármica, y evolucionando a lo largo del camino a medida que la noción de yoga pasaba de estar confinada a las observancias rituales védicas a ser un ámbito más amplio preocupado por la práctica de la devoción, el cultivo de la sabiduría y el perfeccionamiento del comportamiento personal.

La palabra «yoga» está relacionada con la palabra moderna «yugo» en su etimología. Aunque podemos entenderla fácilmente en el sentido de unión, quizá sea aún más fácil entenderla en el contexto de un yugo que une, por ejemplo, un buey a un arado, mediante el cual se puede arrastrar el instrumento y hacerlo funcionar. De la misma manera, el yoga trata de unir el cuerpo con el espíritu, de modo que al ser impulsado por el espíritu, el cuerpo pueda dejarse llevar para funcionar de acuerdo con su verdadera naturaleza espiritual.

Tradicionalmente, la práctica del yoga se relaciona con los *Yoga Sutras* de Patanjali, que datan aproximadamente del siglo I de nuestra era. Codificando y sistematizando una plétora de filosofías y prácticas físicas preexistentes, se atribuye a Patanjali la organización del Ashtanga yoga, o «camino de unión de los ocho pasos». Al definir que el propósito fundamental de la práctica del yoga no es otro que la absorción en lo divino (samadhi), Patanjali trató de guiar a los buscadores espirituales en el proceso de tender un puente entre la existencia material (prakriti) y la existencia espiritual (purusha).

Divididos en cuatro capítulos y unos 196 versos, los *Yoga Sutras* combinan libremente la sabiduría de la escuela hindú Samkhya, así como la que se ha recogido de fuentes jainistas y budistas. Aunque el yoga contemporáneo se centra con frecuencia en las expresiones físicas de la práctica, es decir, las posturas complejas (*asana*) y el control de la respiración (*pranayama*), estos aspectos no son más que una muestra de disciplinas yóguicas extraídas de un conjunto mucho más amplio de prácticas prescritas.

# ASHTANGA YOGA. EL CAMINO DE LOS OCHO PASOS

Según Patanjali, el camino de los ocho pasos, o Ashtanga yoga, se compone de los siguientes ámbitos de práctica, que se fundamentan progresivamente unos en otros.

**Yama (los códigos éticos):** la rama conocida como Yama pretende guiar la forma en que el practicante yóguico, o yogui, se mueve por el mundo teniendo en cuenta sus compromisos sociales. Específicamente, el paso de yama impone a los yoguis la observancia de prácticas como *ahimsa* (no violencia), *satya* (veracidad), *asteya* (prohibición de robar), *brahma-charya* (castidad) y *aparigraha* (renuncia a las posesiones).

**Niyama (las disciplinas personales):** Niyama instruye al yogui sobre las disciplinas personales fundamentales, es decir, sobre cómo relacionarse con el propio cuerpo y las condiciones internas, ordenando al yogui los compromisos de *saucha* (limpieza), *santosha* (satisfacción), *tapas* (austeridad), *svadhyaya* (estudio de las escrituras) e *ishvara pranidhana* (entrega a la realidad absoluta). El paso de niyama que sigue al de yama prepara al yogui con los comportamientos externos preliminares y las disposiciones internas que le capacitan para empezar a realizar las prácticas fundamentales más fácilmente identificables como yoga en el sentido contemporáneo.

**Asana (las posturas físicas):** quizá la expresión más reconocible externamente del yoga, la práctica de asanas es tanto una actividad para promover la salud (entendiendo que sin un cuerpo sano es bastante difícil mantener una mente sana y dedicarse a búsquedas espirituales) como un método para integrar el cuerpo en los propios ejercicios meditativos. En algunas tradiciones, las posturas físicas del yoga se entienden como prácticas fundacionales que allanan el camino para las largas horas de meditación que pasan sentados los yoguis más experimentados, mientras que, en otras, se entienden como formas meditativas en sí mismas.

**Pranayama (el control de la respiración):** la práctica del control de la respiración, o pranayama, es, junto con las diferentes asanas, uno de los aspectos más populares de la práctica del yoga en todo el mundo. Básicamente, la práctica del pranayama se basa en la realidad de que la respiración es un proceso autónomo que se puede controlar conscientemente y que puede ejercer una influencia directa sobre el sistema nervioso autónomo. Los distintos patrones de respiración pueden modificar rápidamente el estado de conciencia y, al igual que las asanas, pueden utilizarse como práctica fundamental para allanar el camino hacia estados más sutiles y avanzados de equilibrio meditativo o como métodos en sí mismos.

**Pratyahara (la absorción de los sentidos):** recordando que el yoga de los *Yoga Sutras* de Patanjali está muy arraigado en la filosofía dualista Samkhya, la práctica del pratyahara se prescribe para trascender la preocupación de la mente consciente por la existencia material (prakriti) y dirigirla hacia la percepción de la existencia espiritual (purusha). La absorción de los sentidos es un proceso que se establece sobre una base firme de imprimación física para retraer la atención hacia las experiencias internas de nuestro ser, donde pueden percibirse directamente las percepciones liberadoras relativas a nuestra verdadera naturaleza.

**Dharana (la concentración):** a medida que se perfecciona el proceso de absorción de los sentidos, la mente puede entrenarse para centrarse en un punto singular de experiencia o indagación, lo que se denomina dharana. Hay muchas herramientas a través de las cuales se puede lograr el dharana, del mismo modo que hay numerosas posturas en las que se puede practicar asana, o un patrón de respiración mediante el cual se puede practicar pranayama. Algunos de los métodos para lograr el dharana incluyen la meditación mantra, en la que se invocan frases cortas como objeto de atención, y la meditación *neti*, en la que uno se involucra en un proceso de negación filosófica para acercarse a un enfoque en lo divino que se encuentra más allá de los límites de la propia cognición ordinaria.

**Dhyana (la meditación):** en comparación con el cultivo intencional de la concentración en un solo punto del dharana, el dhyana puede entenderse como un establecimiento más expansivo y sin esfuerzo en la meditación; la disciplina del dhyana se desarrolla como una capacidad ganada con esfuerzo para permanecer en el estado meditativo y explorar libremente la realidad espiritual.

**Samadhi (la absorción total):** mientras que el dhyana explora la realidad espiritual, el samadhi es una unión realizada, donde sujeto y objeto se funden en una unidad, en la que uno puede llegar a permanecer. El samadhi puede entenderse como un estado culminante de la meditación y el punto límite de liberación, o moksha.

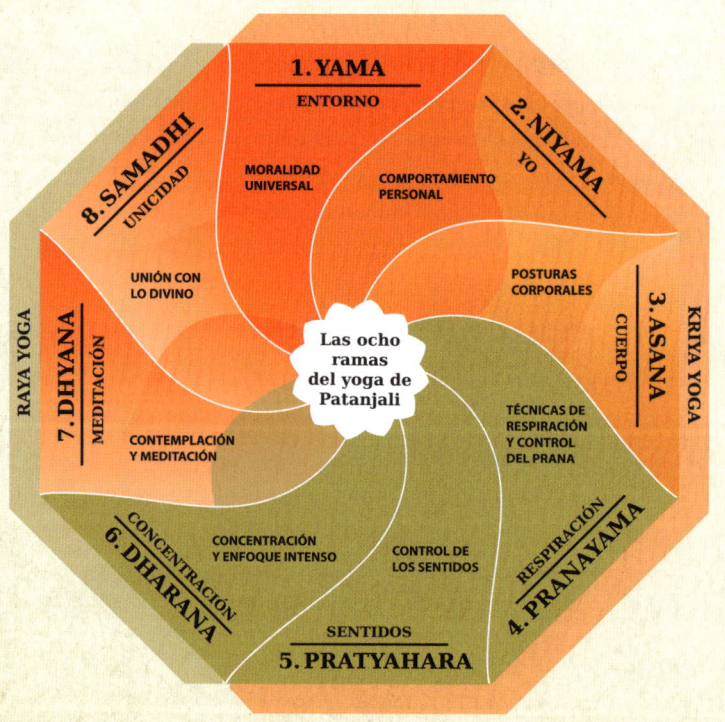

El objetivo principal del yoga, como el de la mayoría de las búsquedas dhármicas, es la liberación de la condición samsárica, definida por el paso cíclico del nacimiento, la vida, la muerte y la reencarnación a través de diversos estados del ser. Moksha se entiende como un estado de dicha pura que se alcanza con la consecución de la unión con lo divino. Dicho esto, varias escuelas de filosofía dhármica y práctica yóguica definen a menudo los aspectos específicos no solo de la propia moksha, sino también del camino de los ocho pasos de Patanjali a su manera, con diferentes enfoques.

Aunque con frecuencia se traduce como «escritura», la palabra *sutra* literalmente significa «un hilo». Los sutras de la espiritualidad india, que suelen presentarse como colecciones de versos poéticos fáciles de memorizar, pueden entenderse no solo como textos exhaustivos, sino como hilos que entretejen sabiduría y conocimiento. Este formato literario se presta bien a la transmisión oral de conocimientos y es una guía inferencial de la sabiduría. Al seguir o recitar los hilos que son los versículos de las escrituras, uno puede llegar a captar el significado más allá de su contexto real en el análisis aforístico.

# LA EVOLUCIÓN DEL YOGA

Desde la Antigüedad, el yoga se ha entendido como un camino vital, y no solo como un conjunto de prácticas complementarias que se incorporan a nuestras vidas. Más que una actividad secundaria, el yoga se ha considerado tradicionalmente como una lente primaria a través de la cual uno llega a vivir su vida. Los dos primeros pasos del Ashtanga yoga de Patanjali (yama y niyama) hablan de ello, como prácticas fundacionales relacionadas con nuestra forma de comportarnos en el mundo y con nuestras disposiciones internas respecto a nuestra visión del mundo. De hecho, el camino del yoga se extiende desde los aspectos físicos y meditativos a todos los ámbitos de la vida, orientando nuestras relaciones, nuestra dieta, nuestros procesos de pensamiento y nuestra forma de relacionarnos con el mundo en su totalidad. El camino hacia la liberación nunca se ha tomado a la ligera en la espiritualidad india.

Con la expansión de la espiritualidad india más allá de sus orígenes en su mayor parte védicos, y específicamente con el desarrollo constante de varias escuelas de budismo, con el tiempo el yoga llegó a entenderse como un vehículo a través del cual se podía entrenar el cuerpo como medio hacia la iluminación. Este cambio hacia una expresión más física de la disciplina yóguica, conocida como hatha-yoga, puede rastrearse definitivamente hasta el siglo XI, con orígenes claramente budistas. Con el tiempo, aparecerían expresiones hindúes del hatha-yoga, y el tantrismo surgiría como un planteamiento distinto derivado de un enfoque centrado en las cualidades físicas de la práctica yóguica, con fuertes influencias budistas.

Finalmente, el yoga experimentó un cierto declive como camino diferenciado, identificable tanto dentro como fuera de los sistemas existentes de espiritualidad hindú. No fue hasta finales del siglo XIX y principios del XX cuando el yoga resurgió en la India como un conjunto de prácticas que podían seguir los renunciantes religiosos y los laicos. Los modernos divulgadores del pensamiento indio a nivel mundial, como Swami Vivekananda, Paramahansa Yogananda y Maharishi Mahesh Yogi, fomentarían el interés por una forma accesible de práctica espiritual india que allanó el camino y dio lugar a la aparición del movimiento del yoga moderno.

La palabra *tantra* significa literalmente «tejer», entendiéndose coloquialmente como una doctrina o escuela de pensamiento esencial. Aunque en español la palabra *tantra* suele implicar diversas prácticas sexuales, dichas prácticas constituyen solo una pequeña parte de lo que puede considerarse tantra. De hecho, un gran número de escuelas de práctica tántrica prescribían a menudo la abstinencia sexual en consonancia con las enseñanzas espirituales hindúes anteriores sobre brahmacharya. En esencia, el tantrismo puede entenderse como una forma esotérica, a menudo iniciática, de práctica espiritual, especialmente conveniente para la liberación de sus practicantes. hacia la realización espiritual y la emancipación.

El movimiento del yoga moderno, en su iteración de cultura física como forma de ejercicio, debe su origen a una serie de maestros contemporáneos, que en gran medida pueden remontar su linaje de formación hasta Tirumalai Krishnamacharya, conocido por muchos como el «padre del yoga moderno». Krishnamacharya era un yogui de mentalidad tradicional que se dio a conocer principalmente como un sanador que, gracias a sus conocimientos de medicina ayurvédica, ciencias védicas y yoga, curaba diversas dolencias. Uno de los principales alumnos de Krishnamacharya fue su cuñado, Bellur Krishnamachar Sundararaja Iyengar, que llegaría a ser conocido en todo el mundo como B. K. S. Iyengar. Aquejado de diversas dolencias en la infancia que le dejaron enfermizo y débil, Iyengar, con dieciséis años, recibió la invitación de Krishnamacharya para que se ejercitara con él y así poder mejorar su mal estado físico. A partir de ese momento, Iyengar contribuiría a popularizar el yoga entre el público hindú e internacional a través de sus demostraciones y enseñanzas, centradas en gran medida en la práctica de asanas y pranayamas, que encajaban bien con el interés generalizado por la forma física y la salud en aquella época.

## GLOBALIZACIÓN Y COMERCIALIZACIÓN

Una vez el yoga se ha extendido por todo el mundo, se ha convertido en una actividad con un valor en el mercado mundial superior a los 105 000 millones de dólares. Esta realidad, ha impulsado a muchos profesores a sistematizar de forma única sus métodos en estilos reconocibles de yoga que podrían ser registrados como marca comercial y protegidos por derechos de autor para regular su difusión y rentabilidad. Algunos profesores han llegado al extremo de intentar proteger asanas individuales como propiedad intelectual de su escuela o sistema, lo que generalmente se ha encontrado con una resistencia considerable, tanto por parte de la comunidad de practicantes de yoga como de las autoridades legales. No obstante, han aparecido diversas marcas que promueven la cultura del yoga con ropa de marca, botellas de agua, toallas, esterillas, bloques y otros accesorios utilizados en la práctica moderna y comercial del yoga. Los festivales son habituales en todo el mundo, y casi todas las escuelas de yoga ofrecen programas de formación de profesores, un factor clave para generar ingresos.

El yoga moderno ha demostrado ser una valiosa práctica física y espiritual para innumerables personas en el transcurso de los últimos cien años, sin embargo, su globalización y mercantilización no ha estado exenta de controversias o críticas. Muchos profesores de yoga han sido víctimas de escándalos relacionados con relaciones y comportamientos inadecuados con los alumnos, mala gestión financiera y dinámicas organizativas sectarias. Así pues, es difícil no darse cuenta de que la filosofía básica del yoga en los pasos yama y niyama del Ashtanga yoga de Patanjali es claramente un intento de proteger a los yoguis de dichos peligros, y la comercialización del yoga como una práctica física, que a menudo cruza las líneas espirituales, con o sin intención, tal vez haya hecho un flaco favor al movimiento del yoga al eludir estas directrices éticas y compromisos con las disposiciones.

## YOGA MODERNO Y YOGA CLÁSICO

El yoga moderno suele promocionarse como una disciplina principalmente física con algunos matices espirituales, y el yoga clásico es en gran medida una forma de cultivo espiritual que busca la integración del cuerpo. Tanto el yoga clásico como el moderno han desarrollado varios estilos y enfoques distintos, que aunque similares en apariencia y contenido, pueden hacer hincapié en aspectos muy variados de la práctica. En el yoga moderno se suele poner énfasis en la alineación corporal, la fluidez postural, la respiración y los grados de integración filosófica o espiritual. El yoga clásico difiere en la forma de ver el yo o el alma en relación con lo divino, el estado samsárico y los cultivos espirituales específicos que pueden conducir al alma a la liberación.

Ambos han estado sometidos a lo largo de sus respectivas historias y evolución a la comercialización y la mercantilización, aunque en planos diferentes. Mientras que el yoga moderno constituye una importante industria del cuidado de la salud, el yoga clásico se ha comercializado a través de otros medios de carácter religioso, en los que el acceso a un profesor puede estar limitado a las donaciones y el apoyo material que se dan a dicho profesor o a su organización espiritual. En este sentido, tal vez la comercialización del yoga moderno sea más kármicamente directa que la que a veces se encuentra en los entornos yóguicos clásicos.

En cuanto a la accesibilidad, el yoga moderno está presente en casi todas las grandes ciudades del mundo, y en otras de menor importancia, en varios estilos. Su evolución se ha orientado hacia un público muy amplio, que está más interesado en recibir lecciones que en ser adepto a una búsqueda espiritual concreta. Por el contrario, el yoga clásico puede ser difícil de abordar, al estar relegado a menudo a las disciplinas esotéricas que se ofrecen a los discípulos iniciados de determinadas sectas espirituales, que se enseñan en el contexto de las relaciones gurú-discípulo dentro de un linaje de enseñanza identificable, o parampara.

A pesar de las diferencias y contrastes entre el yoga moderno y el clásico, nada sustenta la superioridad de uno con respecto al otro. Los aspirantes a yoguis deben ser conscientes de sus propios objetivos y motivaciones, y tenerlos siempre presentes a la hora de buscar un estudio, templo, maestro o gurú con el que iniciar la práctica. Aunque tanto los planteamientos modernos como los clásicos del yoga pueden practicarse teniendo en cuenta la salud, el bienestar y la espiritualidad, es necesario distinguir sus intenciones y objetivos antes de iniciarse en la práctica, y luego comentar con sinceridad esos objetivos con los responsables de los lugares de práctica en los que uno desea emprender el camino del yoga.

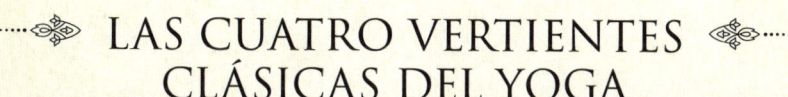

## LAS CUATRO VERTIENTES CLÁSICAS DEL YOGA

A lo largo de su desarrollo, especialmente en sus iteraciones dhármicas hindúes, se ha considerado que el yoga tiene cuatro sendas distintas de práctica, cada una con su propio carácter y espíritu: *karma*, o el sendero de la acción; *bhakti*, o el sendero de la devoción; *raja*, o el sendero del control físico y mental; y *jñana*, o el sendero del conocimiento. Dependiendo de las condiciones y circunstancias de cada uno, cualquiera de estos métodos puede resultar apropiado y eficaz, y se entiende que todos ellos son capaces de conducir al yogui a la liberación o moksha.

## KARMA-YOGA

El karma-yoga se basa en los principios de fidelidad a los propios deberes y a la propia posición social, y en la noción de acción desinteresada.
Básicamente, el karma-yoga es el camino de la acción desinteresada y
consiste en comprometerse con el mundo de tal modo que uno pueda
llevar una vida corriente (trabajo, familia y otras obligaciones similares, y dedicarse plenamente a estas actividades.) y, al mismo tiempo,
cultivar un carácter desinteresado, renunciar a los deseos egoístas
propios y servir a los demás sin esperar recompensa. De este modo,
el yogui puede trascender su identificación espiritualmente errante
con su cuerpo físico y las características finitas de su personalidad y
adentrarse en el flujo de la realidad misma, llegando gradualmente a
identificarse con su naturaleza espiritual y alcanzando así la liberación.

El camino del karma-yoga se dilucida en el Bhagavad Gita, donde el
dios Krishna encarnado como auriga del príncipe Arjuna le instruye
acertadamente sobre el camino de la devoción a su cargo y su deber, sin
tener en cuenta inclinaciones o apegos personales. Aunque el Bhagavad
Gita se sitúa en el contexto del campo de batalla de una guerra inmi-
nente, puede leerse fácilmente a través de la perspectiva metafórica de
la navegación por los conflictos y batallas cotidianas de nuestras mentes cuando tratamos de comprometernos plenamente con la realidad.

## BHAKTI YOGA

El bhakti yoga es el camino de la devoción. Una senda de práctica profundamente arraigada en el culto a la deidad, los devotos (como a veces prefieren que se conozca a los yoguis bhakti) buscan la liberación mediante la entrega a Dios, y centran gran parte de su vida cotidiana en las diversas actividades rituales, como atender a los iconos de lo divino en un templo o santuario. Estos iconos se consideran como manifestaciones literales de Dios y se tratan con gran reverencia. Los devotos abren y cierran los templos y santuarios cada día, a menudo con elaborados ritos y ofrendas que incluyen bañar a las deidades, vestirlas y preparar comida y ofrecérsela. Esta devoción se considera un darshan, un acto de estar ante la presencia directa de Dios y a su servicio, que sirve como punto focal para someter la propia vida a la voluntad de lo divino tal y como se entiende en las diversas escrituras.

Aunque es fácil ver elementos del karma-yoga presentes en el bhakti yoga, este se distingue por centrarse en la oración y el ritual. Es un camino religioso muy externo que busca alinear la propia voluntad con la voluntad de lo divino, superando así el apego a la propia forma física finita y abriendo un camino hacia la realización. Aunque la mayoría de las escuelas de bhakti valoran el Bhagavad Gita, las principales fuentes escritas del bhakti proceden de los puranas y, especificamente, del *Srimad Bhagavatam* (también conocido como el *Bhagavata Purana*), una enorme colección de textos sobre la historia del universo, los relatos y lilas (juegos divinos) de reyes, sabios y semidioses por igual, que también incluye los puntos más sutiles de las concepciones hindúes de la cosmología, la filosofía y la práctica devocional.

## RAJA-YOGA

La palabra *raja* («rey» o «real») es la iteración de la práctica yóguica más estrechamente asociada a las enseñanzas del sabio Patanjali en sus *Yoga Sutras*. El camino del raja-yoga está muy centrado en la meditación y la indagación espiritual. Mientras que el karma-yoga hace hincapié en la fidelidad a los propios deberes y responsabilidades, y el bhakti yoga en la observancia religiosa, los rituales y la devoción, el raja-yoga busca llevar al practicante a la experiencia de la iluminación en la unión divina a través de un riguroso cultivo espiritual. Quizá esté más relacionado con las tradiciones renunciantes y monásticas de los

sistemas espirituales dhármicos, y sus prácticas están en consonancia con la vida cotidiana de los practicantes en esas posiciones sociales.

Como se puede deducir, las principales escrituras del raja-yoga son los *Yoga Sutras* de Patanjali, que ya han sido abordados anteriormente con más detalle. Desde la observancia de la ética y el cultivo de las disposiciones internas hasta la integración de la mente, el cuerpo y la respiración, y pasando por la profundización en las experiencias de indagación meditativa, el Ashtanga, o los ocho pasos, del camino del raja-yoga instruye sistemáticamente al yogui sobre los pasos necesarios para alcanzar el estado más elevado de dicha meditativa, el samadhi.

## JÑANA-YOGA

La última vertiente clásica de la práctica del yoga es la del jñana-yoga. Como *jñana* significa «conocimiento» o «sabiduría», el jñana-yoga se considera el camino para quienes son aptos de asumir una rigurosa disciplina intelectual. Si el karma-yoga es más adecuado para las personalidades muy arraigadas en los acontecimientos que se producen en el mundo exterior, el bhakti yoga lo es para quienes se inclinan por la observancia de rituales religiosos, y el raja-yoga, para las personas que ven conveniente integrar el cuerpo con la mente, el jñana-yoga puede entenderse como un camino apropiado para quienes tienen inclinaciones intelectuales y se decantan por el razonamiento deductivo.

La práctica del jñana-yoga implica una introspección seria y una reflexión rigurosa sobre la naturaleza del ser, el estudio de las escrituras y los comentarios, y la meditación para discernir la realidad de la ilusión. Muchos consideran que el jñana-yoga es uno de los caminos más difíciles del cultivo yóguico, ya que el compromiso pleno con la contemplación intelectual implacable requiere no solo una mente despierta por naturaleza, sino también paciencia y una tolerancia a las nimiedades que es bastante infrecuente en la mayoría de la población. Sin embargo, la existencia de este camino pone de relieve la amplitud del yoga y hasta dónde han llegado los sabios y gurús de la tradición para hacer accesible a todo tipo de personas el camino de la liberación y la salvación del samsara. En este sentido, sin duda puede entenderse que el yoga no es simplemente un camino para realizar ejercicio físico, ni una disciplina espiritual accesible a quienes tienen grandes capacidades atléticas y a las personas que no viven con una discapacidad física.

Aunque textos como el Bhagavad Gita son importantes para casi todas las vías yóguicas de alguna manera, la principal fuente textual para la práctica del jñana-yoga son los Upanishads. Los Upanishads, que comprenden las últimas partes de los Vedas, son tratados filosóficos que describen la naturaleza de la realidad, el yo o alma y el propósito y finalidad últimos de la vida. Una de las principales herramientas de la práctica del jñana-yoga es una herramienta meditativa llamada *neti, neti* o meditación «ni esto ni aquello», que es un proceso de negación en la introspección filosófica y la observación del mundo manifiesto. Trata de delimitar la realidad al margen de las ilusiones mediante la deconstrucción intelectual de los fenómenos hasta que se comprenda que no existen como componentes fundamentalmente reales de la realidad.

Aunque cada una de las vertientes del yoga aquí descritas —karma, bhakti, raja y jñana— tienen sus propios aspectos y enfoques del objetivo final de liberación espiritual o moksha, además de diversos atractivos para una variedad de expresiones y orientaciones vitales, no son compartimentos estancos. Aunque estas vertientes y sus herramientas pretenden ayudar a todo tipo de mentalidades y estilos de vida a asumir la disciplina espiritual esencial de buscar la unión con la realidad o lo divino, no es raro que varios maestros o linajes incluyan herramientas y planteamientos de cada una de estas escuelas en su trabajo con sus respectivos alumnos y discípulos. Una vez más, podemos entender la importancia de la relación entre un estudiante y un maestro en las tradiciones espirituales dhármicas, en las que la experiencia y la sabiduría de los maestros que nos han precedido pueden ayudar a clarificar, especificar y acelerar el camino para los recién llegados.

## KRIYA Y KUNDALINI YOGA

Además de los sistemas de yoga que se han examinado hasta ahora en este capítulo, hay un par de linajes de yoga especiales que han tenido un impacto considerable en el mundo occidental, y que deben entenderse teniendo en cuenta su prevalencia en esta historia de la transmisión del pensamiento y la práctica yóguica de la India en todo Occidente. Son el *kriya yoga* de Paramahamsa Yogananda y el *kundalini yoga* de Harbhajan Singh Khalsa, también conocido como Yogi Bhajan.

### KRIYA YOGA

El kriya yoga se ha popularizado principalmente a través de los escritos y enseñanzas del famoso Paramahamsa Yogananda, autor de *Autobiografía de un yogui* (Edaf, colección Arca de Sabiduría, 2023), un texto fundamental que introdujo la filosofía yóguica a decenas de personas.

Kriya yoga, que significa unión a través de la acción o el esfuerzo, es un sistema específico de meditación y respiración que se enseña en el linaje espiritual de Yogananda como un camino avanzado y expeditivo de autorrealización. Concretamente, el kriya yoga hace hincapié en la manipulación de la energía vital esencial, o prana, y su flujo a través de la columna vertebral mediante técnicas de respiración controlada, o pranayama. Se cree que este flujo de energía acelera el desarrollo del cuerpo espiritual durante años, cuando en el cuerpo físico tal vez solo hayan transcurrido minutos. Curiosamente, el kriya yoga emplea una perspectiva global que, aunque no es de naturaleza sincrónica, sugiere que la sabiduría del kriya yoga es universalista, conocida no solo por los santos hindúes del linaje de Yogananda, sino también por Jesucristo y otras figuras seminales de la religión a nivel mundial. De hecho, los altares de los centros que practican el kriya yoga de Yogananda suelen incluir a Jesucristo junto a Krishna, con los gurús de la tradición flanqueándolos a ambos lados.

El mito del kriya yoga tiene sus orígenes en la antigüedad, donde se perdió la transmisión original de la práctica, para resurgir en la actualidad gracias a los esfuerzos de un ser inmortal, aunque algo esquivo, conocido como Mahavatar Babaji. Se dice que Babaji enseñó a Lahiri Mahasaya, quien a su vez enseñó a Sri Yukteswar Giri, que se convirtió en el gurú de Paramahamsa Yogananda. Cabe señalar que el kriya yoga es un sistema espiritual que solo se enseña en el contexto de la relación gurú-discípulo y sigue siendo hasta hoy una práctica iniciática.

Aunque los gurús del kriya yoga aseguran que se enseña directamente o se alude a él en gran parte del dharma hindú clásico y de la literatura yóguica, es difícil para los no iniciados y los estudiosos establecer relaciones directas con textos como el Bhagavad Gita y los *Yoga Sutras*. Dejando a un lado las cuestiones específicas, los principios del kriya yoga se sitúan fácilmente en el entorno más amplio del Ashtanga yoga. Al igual que otras escuelas y corrientes del yoga, el kriya subraya la importancia de la vida ética, los compromisos internos, la meditación y la realización como elementos esenciales del camino yóguico.

El legado imperecedero de Paramahamsa Yogananda y el kriya yoga, tal y como se expone en su *Autobiografía de un yogui*, puede entenderse a través de la óptica de destacar la espiritualidad innata del camino del yoga ante un público que, en gran medida, recibió la práctica como una disciplina física orientada a la salud en los primeros días de su migración transcultural. De hecho, el kriya yoga carece del enfoque abyecto en la práctica de posturas físicas, o asanas, tal como enfatizan muchas escuelas de yoga moderno, y ha allanado el camino para que el yoga se comprenda ampliamente más allá de sus componentes físicos.

## KUNDALINI YOGA

Otra escuela de yoga que ha tenido un gran impacto en Occidente es el kundalini yoga, expuesto por Yogi Bhajan en su transmisión del sijismo a Occidente. Aunque ya hemos señalado en otra parte de este libro que el sijismo no es en sí mismo una tradición yóguica, para Yogui Bhajan el yoga era una práctica importante que enseñaba a sus alumnos como parte integrante de su observancia del dharma sij.

Aunque durante muchos años han existido diversas formas de práctica yóguica que llevan el título de kundalini, en Occidente se entiende generalmente por kundalini yoga la dispensación espiritual de Yogi Bhajan, en la que sintetizó posturas yóguicas (asana) y técnicas de respiración (pranayama) con diversas teorías tántricas y filosofías y mantras sijs, dando lugar a una forma nueva y distinta de práctica espiritual.

La palabra *kundalini* significa literalmente «circular» o «en espiral» y hace referencia a un potencial y flujo específicos de fuerza vital esencial o energía vital que a menudo se entiende como latente y sin que haya sido desarrollado cerca de la base de la columna vertebral. En las enseñanzas de Yogi Bhajan, la kundalini puede entenderse como una metáfora de la energía espiritual o la conciencia divina, que puede encauzarse en la devoción a Dios, en la búsqueda de una vida virtuosa y, por tanto, como vehículo para la liberación.

La práctica del kundalini yoga, al igual que la del kriya yoga, no depende de fluir a través de diversos patrones de asanas, sino que a menudo se centra en diversas formas de visualización, respiración y canto de mantras para ayudar a estimular la energía kundalini y despertar el potencial devocional de cada uno. En este sentido, el kundalini yoga es una forma de yoga principalmente espiritual, más que una práctica orientada al ejercicio puramente físico. Tanto el kundalini como el kriya yoga representan distintas corrientes sincréticas y universalizadas de sus respectivas formas de cultivo espiritual, a la vez que comparten una valoración general de la realización espiritual y la liberación, que ha permitido profundizar en la práctica del yoga para muchos seguidores occidentales de la disciplina.

El yoga es un amplio concepto que engloba un gran número de prácticas y tradiciones espirituales indias profundas y valiosas. Aunque el desarrollo físico es un aspecto clásico de la práctica del yoga, hay que recordar que ante todo es una disciplina espiritual y que el desarrollo del cuerpo siempre se ha entendido como un método para hacer evolucionar una unión fundamental entre la mente y el cuerpo, a través de la cual puede manifestarse una mayor unión entre el alma y lo divino.

Aunque en la actualidad el yoga se encuentra sobre todo en contextos dhármicos hindúes, su desarrollo se debe en gran medida a otras fuentes de la espiritualidad india, especialmente el jainismo y el budismo. El yoga es una práctica que puede cultivarse tanto en contextos religiosos formales como menos formales, y es una disciplina que ha estado sujeta a fuerzas sincréticas tanto en el subcontinente indio como en el resto del mundo. Aunque la gran diversidad de tipos de yoga puede parecer abrumadora, quizá sea importante recordar que, desde la antigüedad, en el yoga se ha valorado dicha variedad como una forma eficaz de hacer accesibles la práctica y la realización espirituales a todo tipo de personas, según sus propias condiciones y tendencias.

# CÓMO ELEGIR SU CAMINO

El yoga es una forma profundamente accesible de práctica espiritual que pretende ayudar a personas de todas las condiciones y disposiciones a encontrar su camino hacia la realización espiritual a través de la vía de menor resistencia. Reflexionando sobre su propia posición social y las iteraciones del yoga que se han comentado en este capítulo hasta ahora, piense qué camino podría ser el más adecuado para sus necesidades. Por ejemplo, si hasta ahora ha sido una persona muy centrada en su carrera profesional, es posible que le convenga el camino del karma-yoga, que trata de alinear el comportamiento y los compromisos internos de cada uno con un camino de liberación que puede desarrollarse en medio de las exigencias cotidianas de la vida laboral. Sin embargo, podría ser que su enfoque en la vida laboral sea más un obstáculo que una necesidad o una disposición innata, y que, en realidad, se encuentre siendo arrastrado en la dirección del bhakti o raja-yoga, en el que durante un tiempo su práctica puede emprender el proceso de simplificar su vida y volver a centrar sus esfuerzos para dar cabida a las exigencias más formales y externas del camino de la devoción y el cultivo según los ocho pasos, o Ashtanga.

Para algunas personas, el camino espiritual o yóguico adecuado es evidente de inmediato, mientras que para muchas otras se requiere un importante proceso de discernimiento para comprender honestamente la propia posición social y sus inclinaciones y predisposiciones duraderas, más que pasajeras. Por ejemplo, mientras que algunas personas se sienten fácilmente atraídas por formas manifiestas de culto a la deidad, para otras esto puede suponer un obstáculo considerable, ya que concebir un dios antropomórfico está más allá de los límites literales y metafóricos de su experiencia. Y, para otras, responder negativamente a las concepciones personalizadas de lo divino puede ser un reflejo de haber sido heridas por una tradición religiosa anterior, que, cuando se trata adecuadamente, puede abrir un camino hacia la comprensión de la espiritualidad en relación con una personalidad divina. El discernimiento requiere honestidad y una reflexión continua e intencionada a través de medios como llevar un diario personal y conversar con un director espiritual o maestro. En cualquier caso, es importante recordar que ninguna práctica es válida para todos los casos, y que puede ser que diferentes enfoques resulten apropiados y accesibles a medida que uno madura y progresa en su viaje espiritual. Estar abierto al cambio y al compromiso, ante las dificultades, son dos disposiciones importantes que hay que desarrollar y pueden ser entendidas como fruto del discernimiento, que en sí mismo puede considerarse como una práctica en la línea del jñana-yoga.

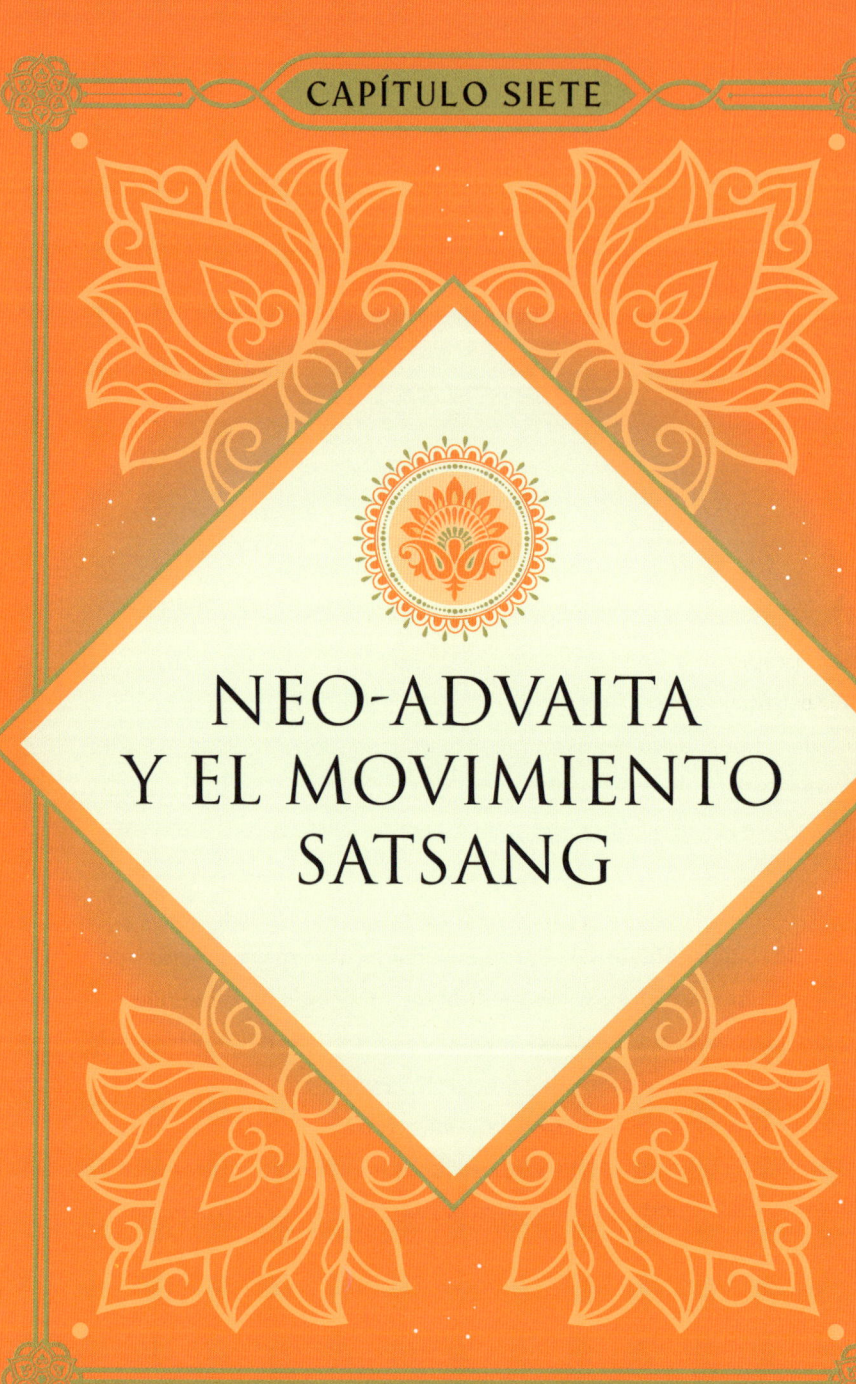

# CAPÍTULO SIETE

# NEO-ADVAITA Y EL MOVIMIENTO SATSANG

La difusión global del pensamiento dhármico ha influido en el propio desarrollo de la espiritualidad india, y no solo dentro de los confines del movimiento del yoga. De hecho, el auge de lo que se ha denominado alternativamente Movimiento Satsang o Neo-Advaita, y menos formalmente, no dualismo, es tanto un movimiento orgánico dentro de la práctica espiritual india contemporánea como uno cuya influencia y poder de permanencia quizá puedan deducirse, casi en su totalidad, del compromiso de peregrinos y devotos espirituales de todo el mundo. Muchos de los defensores y gurús más conocidos de este movimiento en su versión actual son en realidad occidentales, cuyo linaje se remonta a Ramana Maharishi a través de su discípulo H. W. L. Poonja, también conocido como Papaji.

El no dualismo en la línea del movimiento Satsang o Neo-Advaita postula que la autorrealización, o moksha, no tiene por qué entenderse como una búsqueda que dura toda la vida, sino como algo sencillo.

Una imagen que se suele utilizar en esta escuela de pensamiento es que los seres humanos son como peces en el agua, inmersos en ella, dependiendo de ella, pero en gran medida inconscientes de su existencia o del lugar que ocupan en ella. Al desplazar la atención a través de la práctica de la autoindagación guiada, uno puede llegar a comprender con bastante rapidez su verdadera naturaleza, que podría decirse que ya está liberada y es libre, sin necesidad de una práctica espiritual prolongada y, de este modo, realizar, en lugar de cultivar, la liberación del samsara.

# ADVAITA VEDANTA

La filosofía Advaita Vedanta (que significa «vedanta no dual») es una escuela clásica de filosofía hindú que se basa en textos como los Upanishads, los *Brahma Sutras* y el Bhagavad Gita. Propuesta sistemáticamente por Adi Shankaracharya (también conocido como Adi Shankara), un santo indio del siglo VIII de nuestra era, la escuela del Advaita Vedanta sostiene esencialmente que la naturaleza del alma individual (atman) y la divina (Brahman) son una y la misma. La sistematización del Advaita Vedanta de Adi Shankara hizo hincapié en los valores clásicos del dharma hindú de la renuncia (*vairagya*) y el cultivo gradual basado en el estudio de las escrituras, el discernimiento racional y la meditación bajo la guía de un preceptor espiritual cualificado (gurú) en un linaje reconocible (parampara).

## RAMANA MAHARISHI Y LA AUTOINDAGACIÓN

Ramana Maharishi, conocido por el apelativo honorífico de «Bhagavan», es uno de los maestros espirituales más famosos del siglo XX procedentes de la India. Nacido en 1879 como Venkataraman Iyer en Tamil Nadu, India, el hombre destinado a ser conocido en todo el mundo como «Ramana el Gran Vidente» (traducción literal de «Ramana Maharishi») poseyó profundas inclinaciones espirituales durante toda su juventud. A los dieciséis años, Ramana experimentó una profunda apertura espiritual, que le llevó a iniciarse en una profunda forma de autoindagación sobre la naturaleza del ser y de la muerte. Advirtió que lo que experimentaba era la naturaleza eterna de su propia naturaleza verdadera, o alma (atman). Transformado por su percepción mística de la naturaleza del ser, Ramana renunció a las preocupaciones mundanas y abandonó su hogar, estableciéndose en la colina sagrada de Arunachala, en Tiruvannamalai, donde viviría, y enseñaría, durante el resto de su vida.

Como santón recién renunciado, o *sadhu*, Ramana pasó su tiempo en Arunachala dedicándose, al principio, a la absorción meditativa en las cuevas y templos de la colina sagrada. Con el paso del tiempo, varios buscadores espirituales se percataron de su presencia y acudieron a él en busca de orientación espiritual. Curiosamente, el principal medio de enseñanza del Maharishi se reconocería como el silencio sagrado desde el que podía encarnar plenamente la unión divina y transmitir ese estado a los discípulos y buscadores que acudían a recibir su darshan (visión de la presencia de una persona o lugar sagrado). Ramana Maharishi estaba totalmente dedicado a proporcionar dispensación espiritual a los buscadores sinceros, e insistía en su disponibilidad física para los visitantes incluso en sus últimos meses y días de vida.

Más allá del silencio, Bhagavan Ramana es quizá más famoso por sus enseñanzas sobre la autoindagación, en las que se instruye al cultivador espiritual a preguntarse constantemente: «¿Quién soy yo?». A través de una atención constante a este punto de indagación, la mente del cultivador puede dirigirse suficientemente hacia su interior como para vislumbrar su verdadera naturaleza y, de hecho, la eterna naturaleza divina del ser. Además de este método, y de hacer accesible su darshan, el Maharishi no dedicó su tiempo a dejar constancia escrita de sus enseñanzas. Algunos de sus devotos recogieron sus dichos y sus conversaciones con buscadores espirituales, y han publicado estos textos. Pero Ramana Maharishi estaba mucho más interesado en comprometerse directamente con aquellos que buscaban su dispensación espiritual, tanto en su presencia silenciosa como a través de sesiones de diálogo en las que se formulaban y respondían preguntas.

Hoy en día, Ramana Maharishi se relaciona más estrechamente con la tradición Advaita Vedanta, aunque el propio Ramana se negaba a alinearse con cualquier identidad sectaria, lo que en parte serviría para situar sus enseñanzas en los inicios del movimiento Neo-Advaita (que se analizará con mayor detalle a medida que avancemos en el capítulo). El Maharishi llegaría a ser considerado un santo no solo por los buscadores laicos que encontraban su camino hacia él, sino también por otros eruditos, santos y sabios preeminentes de su época. Sus enseñanzas fueron muy apreciadas por seguidores de diversas sectas e identidades religiosas, que han seguido venerando su persona y su sabiduría hasta el día de hoy. Aunque Ramana Maharishi murió en 1950, el *ashram*, o comunidad y complejo espiritual, que se construyó a su alrededor sigue siendo hoy un importante lugar de peregrinación y darshan para buscadores de todo el mundo.

# INDAGAR SOBRE UNO MISMO

Las bases de la escuela Neo-Advaita giran en torno a la suposición fundamental de que el yo y lo divino no son dos, sino que existen en una naturaleza unitaria inseparable, distinta solo en el pensamiento ilusorio común a la conciencia material. La promesa de la enseñanza de la autoindagación, el instrumento principal del movimiento Satsang, es que la iluminación puede obtenerse, incluso inmediatamente, al reconciliar la visión y la experiencia de uno mismo con su contexto más amplio: atman (yo) como Brahman (realidad suprema).

Para practicar la autoindagación, solo hay que plantearse sinceramente la pregunta «¿Quién soy yo?». Comprender la pregunta para no preocuparnos por pequeños detalles personales como hombre o mujer, viejo o joven, hindú o no, casado o soltero, o cualquier otro adjetivo con el que nos sintamos inclinados a asociarnos. El objeto de la pregunta puede parecer algo oscuro o amorfo, desconocido incluso, y esta experiencia va absolutamente por buen camino. La autoindagación es un proceso abierto que exige un esfuerzo firme para penetrar en él. Aunque uno puede tener la tentación de mantener la pregunta en una repetición casi mántrica, es mucho más importante centrarse en la calidad de la introspección suscitada por la pregunta que por posibles cantidades superficiales de indagación.

Aunque puede ser útil encontrar un lugar tranquilo para sentarse y practicar planteándose uno mismo la pregunta «¿Quién soy yo?», la tradición Neo-Advaita no pone límites al tiempo ni al sitio en que puede tener lugar la autorrealización. Solo hay que cultivar una auténtica devoción por la pregunta y mantenerla, siempre que sea posible, como un diálogo sincero con la esencia más íntima de uno mismo y, de hecho, con la esencia más íntima de la propia realidad. «¿Quién es?». Si no es su cuerpo, si no son sus pensamientos, si ni siquiera es su alma, ¿entonces quién es? ¿Qué es? Aquí es donde empieza la práctica.

# PAPAJI Y LA GLOBALIZACIÓN DEL NEO-ADVAITA

Uno de los discípulos más destacados de Ramana Maharishi fue Hariwansh Lal Poonja (H. W. L. Poonja). Nacido en 1910, Poonja, como Ramana, se preocupó por asuntos espirituales desde muy temprana edad. Tras experimentar una letanía de diversas experiencias y revelaciones espirituales, tanto grandes como pequeñas, Poonja decidió buscar un gurú que le ayudara a esclarecer sus experiencias y le condujera a la comprensión directa de la naturaleza de Dios. Aunque Poonja tuvo numerosas interacciones significativas con diversos maestros espirituales, su encuentro más profundo fue sin duda con Ramana Maharishi.

El encuentro de Poonja con Bhagavân Ramana fue crucial en su vida, y con él culminaron todas sus experiencias y búsquedas espirituales. En poco tiempo, bajo la precisa supervisión de Ramana, la búsqueda espiritual de Poonja llegó a su fin, al darse cuenta de la naturaleza verdadera, divina y eterna del ser en una experiencia directa. Con ello, Poonja llegó a comprender que Ramana Maharishi era su gurú definitivo.

Tras su realización a través de la tutela de Bhagavan Ramana, Poonja pasaría a ser conocido como Papaji (un apelativo honorífico que suele aplicarse a los maestros espirituales y que significa algo así como «padre»). Las enseñanzas de Papaji harían hincapié en la posibilidad de la autorrealización inmediata, en consonancia con su propia experiencia con Ramana Maharishi. Papaji, que solía instruír a sus discípulos con la simple idea de que «ya son libres», restaba importancia a la necesidad de prácticas prolongadas de cultivo, a pesar de que él mismo recitaba el nombre de Krishna cientos de veces al día en su juventud. En cambio, hizo hincapié en la trascendencia que tenía la autoindagación y, en este sentido, la importancia que tenían la integridad y la autenticidad, sin materialismos espirituales ni meras repeticiones de espiritualismo.

El estilo accesible de Papaji, que entablaba un diálogo comunitario con los discípulos desde una silla, o *estrado*, en lo que se conocería como *satsang* («estar acompañado de la verdad»), le posicionaría para convertirse en un puente primordial para que el pensamiento y la práctica no duales se transmitieran a Occidente. Las enseñanzas de Papaji carecían de los atributos tradicionales de la religiosidad o de fuertes barreras culturales idiosincrásicas, que sus críticos han percibido como excesivamente simplificadas y carentes de prácticas preliminares esenciales. No obstante, Papaji se ganó un gran número de seguidores, y muchos de sus alumnos se convirtieron en notables maestros espirituales.

Los años de trabajo de Papaji se han convertido en una fuente venerable de la tradición Neo-Advaita y del movimiento Satsang. Aunque Papaji, y en menor medida Ramana Maharishi antes que él, ha demostrado ser un maestro algo controvertido, su legado es muy importante y ha tenido una inmensa repercusión en la práctica contemporánea de la espiritualidad no dual en todo el mundo. Hay muchísimas personas, tanto practicantes comprometidos del Neo-Advaita como practicantes de orientación más clásica, cuya introducción principal y profunda a la vida espiritual puede remontarse a las enseñanzas y el legado de Papaji.

# CARACTERÍSTICAS DISTINTIVAS DEL NEO-ADVAITA Y EL MOVIMIENTO SATSANG

Aunque no siempre se ha considerado a sí mismo como un practicante o maestro del Neo-Advaita, este movimiento se puede remontar a la experiencia espiritual y a las dispensaciones de Sri Bhagavan Ramana Maharishi. Su énfasis en la autoindagación, imitado por muchos de los que le siguieron (como H. W. L. Poonja, también conocido como Papaji), representa una síntesis del pensamiento vedántico advaita clásico que se ha hecho especialmente accesible a un público moderno y global. La tradición ha evolucionado como método para centrarse en la realización no dual esencial del Advaita Vedanta, sin depender del marco filosófico y escritural más amplio de la tradición dhármica hindú.

> Aunque el término «Neo-Advaita» se suele aplicar a las enseñanzas derivadas de Bhagavan y Papaji, con frecuencia se ha entendido a través de una óptica peyorativa. Un término más apropiado y menos diminutivo (a pesar de algunos intentos de reclamar audazmente la etiqueta Neo-Advaita y su uso no difamatorio en la mayor parte del mundo académico) es el movimiento Satsang.

Con su énfasis en la autoindagación, la posibilidad de la realización inmediata y la absoluta ausencia de necesidad de cualquier tipo de cultivo o perfeccionamiento espiritual, el movimiento Satsang se toma en serio la idea de que la verdadera naturaleza de uno mismo (o atman) es totalmente indistinta de la naturaleza absoluta y divina de la realidad misma (Brahman). Manteniendo la coherencia ideológica con esta postura, el movimiento rechaza las prácticas más tradicionales y culturalmente distintas desde una postura filosófica considerada. Afirma que dichas prácticas refuerzan de un modo problemático la ilusión de un yo separado, por lo que cualquier posible realización eventual del estado no dual resulta más lejana que accesible.

El movimiento Satsang no hace hincapié en la formación moral o ética tradicional, lo que es un punto común de discordia con los críticos. Pero, de nuevo, se puede argumentar tanto desde el punto de vista de la experiencia como desde el filosófico que calificar algunas cosas como correctas y otras como incorrectas, o como más o menos morales, es dividir el eterno tejido contiguo de la realidad con las tijeras del pensamiento discursivo. De hecho, incluso en las escrituras del dharma hindú, el juego divino de varios avatares y deidades (lila) desafía los límites morales humanos comunes. En esta línea, aunque muchos de los maestros del movimiento Satsang no dedican mucho tiempo a profundizar en las escrituras tradicionales, la tradición encuentra la base de sus enseñanzas en las mismas escrituras que celebra la tradición Advaita Vedanta. Pero a menudo se remite únicamente a la experiencia espiritual vivida por sus luminarias, en lugar de a las escrituras, que pueden ser contradictorias con dichas experiencias. Quizá lo más interesante sea que el movimiento Satsang no depende de una transmisión ininterrumpida de los conocimientos espirituales de una generación a la siguiente (teniendo en cuenta el viaje espiritual esencialmente autoguiado del propio Ramana Maharishi). Por lo tanto, aunque en teoría el gurú está descentralizado, en la práctica, la mayoría de los maestros de Satsang son gurús funcionales, que suelen reivindicar un linaje que se remonta a Papaji y Ramana Maharishi como instrumento de legitimación de facto.

El movimiento Satsang representa una oferta contemporánea y muy accesible de filosofía no dual, con un alcance casi universal, que se ha adaptado bien a la interpretación en contextos multiculturales, donde los maestros pueden recurrir simultáneamente a la antigua filosofía india tanto como a la literatura judeocristiana, los poemas sufíes, los cantos de iluminación del budismo zen y las enseñanzas de la psicología moderna y la física cuántica. Aunque este giro del dharma es ciertamente un marco único, actual y en evolución, no cabe duda de que sus métodos y fundamentos filosóficos pueden vincularse definitivamente a la sabiduría espiritual del lejano pasado.

## POSIBLES OBSTÁCULOS

Aunque las raíces del movimiento Satsang pueden situarse fácilmente no solo en la espiritualidad tradicional india, sino también en corrientes considerables de la religión mística de muchas de las grandes religiones del mundo, los resultados de la práctica en la vertiente Neo-Advaita pueden representar una desviación sustancial de las concepciones clásicas más matizadas. Muchas tradiciones, incluida la Advaita Vedanta clásica, establecen un camino hacia la realización de la naturaleza no dual de la realidad absoluta que se desarrolla gradualmente, a través de esfuerzos prolongados. A menudo, introducen admoniciones éticas y morales, suposiciones cosmológicas fundacionales, dogmas epistemológicos y soteriológicos, y prácticas meditativas fundacionales como requisitos previos a las enseñanzas no duales. Las escuelas más clásicas de pensamiento y práctica buscan establecer una base firme sobre la que se pueda tener una realización profunda y un mantenimiento estable de esa realización.

Aunque la plena realización puede ocurrir instantáneamente, en realidad, resulta raro. Con mayor frecuencia, se observa que se confunde una progresión hacia la madurez espiritual instantánea con un atisbo momentáneo de éxtasis y celo religiosos que se desvanecen en lugar de prevalecer. Es raro que los atisbos instantáneos que a menudo se pregonan en las reuniones de Satsang representen los cambios de conciencia persistentes e integrados que cabría esperar de un ser autorrealizado o despierto. De hecho, muchos maestros se han visto envueltos en situaciones dramáticas muy habituales y se han tenido que retirar a menudo de la enseñanza o se han alejado de la vida pública a raíz de diversos escándalos y supuestas caídas en desgracia. Aunque el movimiento Satsang no es único en este sentido, sí lo es en cierto modo en sus promesas de lo que puede ofrecer en un momento. La posibilidad de que se produzcan malentendidos, sin los marcos clásicos para comprender e identificar la iluminación, es bastante alta. Las percepciones superficiales, aunque posiblemente muy profundas en su contexto, pueden dar como resultado meras distorsiones y amplificaciones egoicas sin una base firme en las prácticas preparatorias.

# LA INFLUENCIA
## DEL MOVIMIENTO SATSANG

A pesar de las legítimas críticas, no se puede negar el hecho de que en los últimos cien años, el movimiento Satsang se ha convertido en un fenómeno global que ha tenido un impacto positivo en las vidas de miles de buscadores espirituales. Un ámbito en el que la tradición emergente ha destacado con brillantez ha sido en la polinización cruzada de ideas y enseñanzas religiosas. En su distintivo aislamiento de la experiencia no dual de los confines de sus contextos clásicos en el pensamiento védico, varios maestros del movimiento Satsang se han comprometido libremente en el diálogo interreligioso, al identificar áreas de convergencia significativa en las religiones del mundo, especialmente el hinduismo, el budismo, el taoísmo, el judaísmo, el cristianismo y el misticismo islámico. Estas interacciones han señalado un núcleo profundo y compartido entre las religiones del mundo, y han promovido no solo la apreciación interreligiosa, sino también la aceptación de las enseñanzas no duales que pueden identificarse más allá de los límites religiosos.

Muchos maestros modernos del movimiento Satsang han mantenido o añadido diversos aspectos de las costumbres indias e hindúes como homenaje a la cultura que lo vio nacer. A pesar de la presentación relativamente básica tanto de Bhagavân como de Papaji, parece que cierto grado de apreciación cultural ha ayudado a muchos maestros a establecer un entorno que sirve para mantener reuniones de satsang más comprometidas. Por lo general, el canto devocional congregacional, o *kirtan*, está presente, al igual que diversos ornamentos y prácticas habituales en los templos hindúes. En este sentido, puede entenderse que a menudo el pasado es realmente un prólogo.

El diálogo abierto y generalizado en torno a la experiencia y el pensamiento no duales ha hecho avanzar las conversaciones sobre la naturaleza misma de Dios más allá de las fronteras religiosas y ha revigorizado prácticas minimizadas o que ya se han perdido en otros cultos, como la teología apofática que se ha desarrollado como una especie de minoría congruente dentro del cristianismo sacramental. En otros contextos, la experiencia vivida por los practicantes del movimiento Satsang ha llevado a los maestros de otras tradiciones a reevaluar el papel y la finalidad de las prácticas espirituales prolongadas y los requisitos previos, en ocasiones reafirmando esas posiciones y, en otras, facilitando un entorno espiritual más democratizado y accesible. Así ha ocurrido casi con toda seguridad en diversas escuelas de budismo, como el Zen y el Dzogchen en Occidente.

El movimiento Satsang se ha adaptado especialmente bien a la era de Internet. Con sus requisitos minimalistas y la falta de rituales convencionales, los maestros llevan mucho tiempo aprovechando esta red social para celebrar reuniones de satsang, lo que ha ido más allá de los límites de lo que las prácticas de orientación más clásica han podido implantar y transmitir. Este movimiento ha desempeñado un papel fundamental en la difusión mundial de la espiritualidad no dual y en el reconocimiento de la presencia del pensamiento y la práctica no duales en sistemas de práctica religiosa que tradicionalmente no se entendían desde la perspectiva no dual. De hecho, el propio diálogo sobre el no dualismo en el panorama espiritual global contemporáneo probablemente no existiría sin la llegada del movimiento Satsang.

El movimiento Satsang ha demostrado ser un puente para que muchas personas religiosas y no religiosas se involucren en las abundantes tradiciones contemplativas, generalmente relegadas durante la mayor parte de la historia a monasterios y ermitas. Con su énfasis en la experiencia directa y su terminología simplificada y accesible, las enseñanzas del Neo-Advaita se han convertido en una puerta de entrada para que innumerables personas experimenten la indagación espiritual y sus repercusiones psicológicas, sin tener en cuenta su resonancia (o falta de ella) con las dispensaciones religiosas más organizadas.

El Neo-Advaita, o movimiento Satsang, es un nuevo enfoque de una antigua tradición y una rama única en el antiguo tronco del pensamiento védico. Organizado principalmente en reuniones de buscadores en torno a un maestro presuntamente realizado, que a su vez se denomina satsang, el movimiento ha abandonado muchas de las restricciones tradicionales del Advaita Vedanta clásico en aras de un modo simplificado de práctica espiritual, basado en gran medida en las enseñanzas de Ramana Maharishi, H.W.L. Poonja, y sus alumnos.

La práctica principal del Satsang es la autoindagación, en la que los buscadores se dedican al compromiso profundo con la pregunta «¿Quién soy yo?». Los seguidores del movimiento, a través de sesiones de preguntas y respuestas con un maestro en satsang, buscan la realización directa de la naturaleza eterna y divina del verdadero ser en un instante. Aunque este método directo es considerado, en el mejor de los casos, un atajo por los sistemas más clásicos del Advaita Vedanta, ambas tradiciones defienden una visión común de la naturaleza no dual del yo (atman) y la realidad suprema (Brahman).

El movimiento Satsang cuenta con seguidores en todo el mundo y ha abierto el camino a un novedoso diálogo interreligioso sobre la experiencia mística no dual. Ha facilitado la democratización de las enseñanzas espirituales avanzadas y ha abierto nuevas vías para que personas no religiosas experimenten la sabiduría contenida en las tradiciones contemplativas clásicas. Aunque se pueden hacer muchas críticas legítimas al movimiento (como puede hacerse con cualquier tradición religiosa), en los últimos cien años se ha establecido como una tradición espiritual con un importante poder de permanencia y una repercusión duradera.

# CÓMO ELEGIR SU DHARMA

Como se ha señalado a lo largo de este texto, la palabra dharma es un término con múltiples acepciones que puede significar desde ley y dispensación religiosa hasta deber y fenómeno. En cada caso, como siempre ocurre con las cuestiones de espiritualidad y religión, el término y la idea que lo acompaña deben volver a evaluarse en el contexto de nuestro tiempo y nuestras vidas.

1. Al contemplar los temas imperecederos de este texto, la devoción en el hinduismo, la renuncia en el jainismo, la contemplación en el budismo, la integración en el sijismo y la realización en el neoadvaita y los movimientos de yoga modernos, anote en su diario personal cuáles son los temas con los que se siente más identificado. Busque más y explore las filosofías que le parezcan más ajenas a sus valores e identidad; la sección «Para leer más», al final de este libro, es un buen punto de partida. Es posible que estos alicientes y dificultades innatas puedan definir un camino hacia el compromiso con la sabiduría de las tradiciones dhármicas en su vida personal con integridad.

A menudo, los seres humanos tenemos tendencia a buscar lo que nos resulta familiar, fácil y aceptable, y evitamos lo que nos resulta difícil, incierto o lo que nos supone un reto. Sin embargo, casi todas las dispensaciones espirituales nos llevan a explorar aspectos de nuestro ser situados en cada uno de estos ámbitos. Lo que nos supone un reto a menudo nos indica en qué direcciones se encuentra nuestro principal crecimiento. Lo que es naturalmente familiar suele indicarnos de dónde podemos sacar nuestra fuerza y nuestro consuelo en nuestro viaje espiritual.

2. Elija un tema imperecedero que defina mejor los valores espirituales que le resultan más complejos y otro que defina el ámbito que le resulta más familiar. Cierre los ojos y reflexione sobre cada uno de ellos, de uno en uno, y tome nota de las imágenes que aparecen en

su mente. Escriba un diario personal sobre esas imágenes y temas, y preste especial atención a lo que su mente puede estar diciéndole para afirmar y sanar, respectivamente.

3. Junto con esta concienciación, identifique tres prácticas diarias que puedan incorporar estos temas a su vida. Estas prácticas pueden extraerse de este libro, investigarse en Internet o en otros libros, o incluso crearse sobre la marcha como medio personalizado de recorrer los temas de tu vida.

Mientras intenta realizar al menos dos de estas prácticas cada día, una de los dominios que suponen un reto y otra de los que le resultan familiares, preste atención a su vida y permita que su conciencia se desarrolle con el trasfondo de este ritmo diario de práctica espiritual. En su diario personal, reflexione a menudo sobre lo que le corresponde hacer en los próximos meses y años, mientras trata de vivir una vida de crecimiento marcada por la aceptación y la comodidad siempre emergente.

# CONCLUSIÓN

Hablar de espiritualidad india es hablar realmente de un manantial de sabiduría y tradición que no podría caber en un solo volumen. De hecho, es difícil imaginar que un solo texto pueda siquiera hacer justicia a la amplitud, profundidad e impacto global de la variedad de subculturas y enseñanzas espirituales que han nacido y se han mantenido en los más de cinco mil años de historia de la India. Sin embargo, como ocurre con cualquier tema, las partes interesadas tienen que empezar por algún sitio. Espero que este libro sirva de introducción significativa a la génesis, el desarrollo y la difusión de las religiones dhármicas.

Al escribir este libro, me he dado cuenta de que se pueden extraer seis temas principales y duraderos de las tradiciones estudiadas: la devoción (hinduismo), la renuncia (jainismo), la meditación (budismo), la integración (sijismo), la absorción (yoga) y la realización (neoadvaita). Estos temas tienen un alcance bastante universal y pueden servir como puntos de contacto significativos para cualquier viaje espiritual. Quizá al reflexionar sobre ellos, independientemente de dónde se encuentre en su propio camino espiritual, se sienta inspirado para incorporar la sabiduría de estas tradiciones en su vida cotidiana y manifestar los frutos de la práctica espiritual que se pueden extraer de la sabiduría intemporal de la espiritualidad india.

Si busca una introducción más formal a cualquiera de las tradiciones dhármicas, es importante recordar que, casi universalmente, las religiones dhármicas celebran e incluso prescriben el papel esencial de un preceptor o gurú y de una comunidad espiritual, o sangha. Lamentablemente, en Occidente, la religión oriental, y tal vez la espiritualidad india, ha sido un caldo de cultivo para los abusos cometidos por los no ortodoxos, como los maestros (no del todo) fraudulentos llaman a las comunidades que pueden crecer a su alrededor. De hecho, la palabra «gurú» se ha utilizado con frecuencia en nuestro idioma con iteraciones comerciales y cultistas del alto grado de fiabilidad y especialización que la espiritualidad india ha inculcado en sus maestros y exigido de ellos. Por lo tanto, es recomendable ser prudentes.

En la espiritualidad india, el linaje es un componente importante de la legitimidad. Cualquier maestro o comunidad de buena fe podrá trazar claramente el linaje de sus enseñanzas y prácticas hasta una dispensación espiritual profundamente arraigada que a menudo se remonta (probablemente) a miles de años atrás. Si bien hasta no hace mucho tiempo era difícil verificar la veracidad de las afirmaciones de diversas personalidades y organizaciones espirituales, en nuestra era de telecomunicaciones que abarcan todo el planeta, y con la totalidad de Internet accesible a dispositivos portátiles, eso ha cambiado. Las personas interesadas y con criterio pueden investigar fácilmente los antecedentes y la reputación de la mayoría de las organizaciones y maestros. Y aunque nadie se libra de la posibilidad de recibir críticas ilegítimas en Internet, la mayoría de las organizaciones y maestros legítimos apenas sufrirán esas críticas y, en cambio, serán aclamados mayoritariamente.

Al fin de cuentas, la espiritualidad sana en todas sus formas es alentadora, a veces supone un reto, pero en última instancia contribuye a una forma de vida más pacífica, sencilla y conectada. La espiritualidad sana nunca es abusiva, mercantilizada ni socialmente restrictiva. Dedique tiempo a conocer las enseñanzas y la cultura que propugna cualquier maestro y/o comunidad. Tómese su tiempo para discernir su lugar en un ámbito determinado, no se comprometa precipitadamente y desconfíe de las organizaciones que exigen una rápida iniciación, afiliación o lealtad. Siguiendo estas indicaciones, las posibilidades son casi infinitas. Que la senda que recorra sea dichosa y llena de sentido.

# SOBRE EL AUTOR

El Dr. Joshua R. Paszkiewicz es un sacerdote y erudito de diversas religiones con una formación y transmisión específicas en las tradiciones zen de Japón, Corea y Vietnam. Ha estudiado y enseñado zen en todo el mundo y ha actuado como delegado oficial en numerosos acontecimientos notables, como la primera Conferencia de Líderes Budistas de la Casa Blanca y el Día Mundial de Vesak de las Naciones Unidas. El Dr. Paszkiewicz ha obtenido diversos títulos académicos y certificados en los campos de la religión, la psicología, la educación, las actividades empresariales y la sanidad. En la actualidad, Joshua mantiene una consulta privada de psicoterapia de integración espiritual, enseña artes tradicionales de protección de la vida y actúa como director espiritual y asesor de numerosos estudiantes, maestros y comunidades de todo el mundo. Puede encontrarlo en Internet en drjrp.com.

# PARA LEER MÁS

## HINDUISMO

Bhaskarananda, Swami. 2002. *The Essentials of Hinduism: A Comprehensive Overview of the World's Oldest Religion.* Washington: Viveka Press

Dass, Ram. 1978. *Paths to God: Living the Bhagavad Gita.* Nuevo México: Harmony Books

## JAINISMO

Jain, Parveen. 2019. *An Introduction to Jain Philosophy.* Delhi, India: D.K. Printworld

Rankin, Aidan. 2013. *Living Jainism: An Ethical Science.* Reino Unido: Mantra Books

## BUDISMO

Paszkiewicz, Joshua R. 2022. *Zen and Happiness: Practical Insights and Meditations to Cultivate Joy in Everyday Life.* Nueva York: Rockridge Publishing

Nhat Hanh, Thich. 1999. *The Heart of the Buddha's Teaching: Transforming Suffering into Peace, Joy, and Liberation.* Nuevo México: Harmony Books

## SIJISMO

Nesbitt, Eleanor. 2005. *Sikhism: A Very Short Introduction.* Nueva York: Oxford University Press

Singh Thapar, Sewaram. 2019. *A Critical Study of The Life and Teachings of Sri Guru Nanak Dev: The Founder of Sikhism.* Chandigarh, India: White Falcon Publishing

## NEO-ADVAITA

Jaxon-Bear, Eli. 2017. *Wake Up and Roar: Satsang with Papaji.* California: Waterside Productions

Mooji. 2018. *An Invitation to Freedom: Immediate Awakening for Everyone.* Reino Unido: Non-Duality Press

# ÍNDICE ANALÍTICO

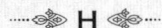

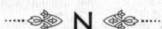

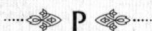

Título original: *Indian Spirituality*

© 2025 Librero b.v. (edición española)
www.librero.nl

© 2024 de Quarto Publishing Group USA Inc.
Texto © 2024 de Joshua Paszkiewicz

Primera edición en 2024 a cargo de Wellfleet Press,
un sello editorial de The Quarto Group,

Grupo editorial: Rage Kindelsperger
Director editorial: Erin Canning
Directora creativa: Laura Drew
Coordinación editorial: Cara Donaldson
Editora: Sara Bonacum
Diseño de cubierta: Amelia LeBarron
Lay-out: Lorraine Rath

Producción de la edición española:
Traducción: Antonio Vizcarra
para Delivering iBooks & Design
Redacción y maquetación:
Delivering iBooks & Design, Barcelona

Distribución exclusiva de la edición española:
Librero IBP S. L.
C/ Paseo de los Olmos, n.º 20
Planta 1.ª, oficina 7
28005 Madrid, España
www.librero-ibp.es

Impreso en China
ISBN: 978-94-6499-043-0